観戦&プレーで役に立つ!

ラグビーのルール

[新版]

公益財団法人
日本ラグビーフットボール協会 監修

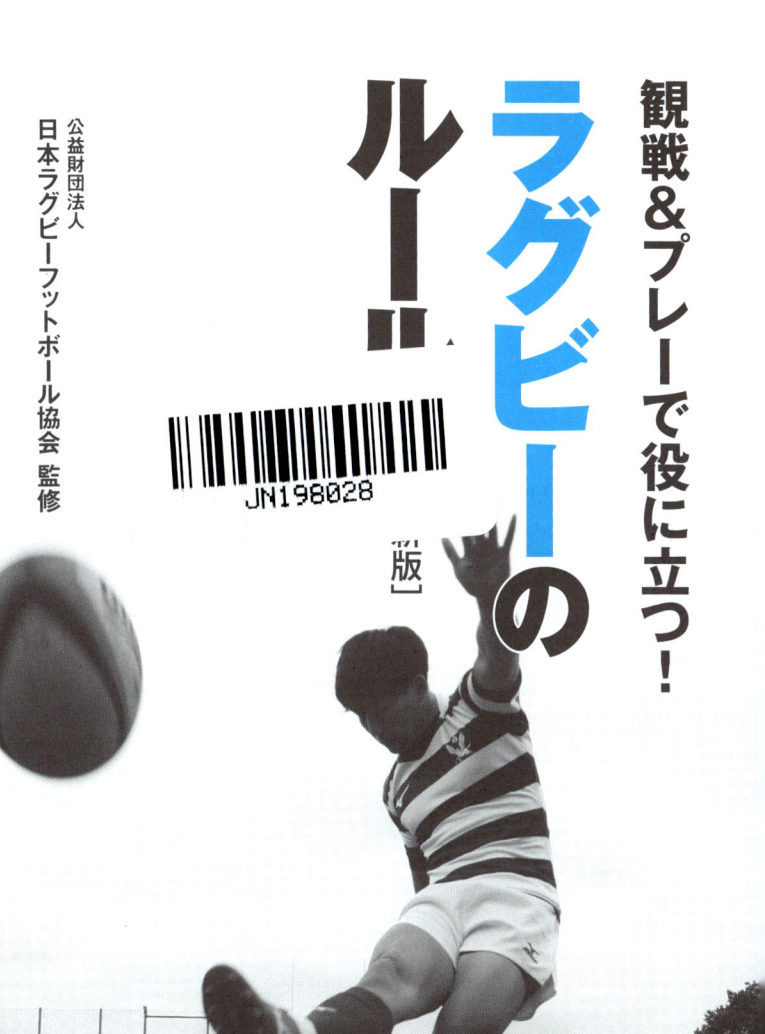

JN198028

ラグビー観戦&プレーで役に立つ!
ルールを分かりやすくポイント解説

　ラグビーをこれから始めようと考えている、あるいは実際にプレーしているプレーヤーにとって、ルールを正しく理解し、覚えることは絶対不可欠だ。逆に言えば、ルールを知らなければプレーも上達しない。また、観戦する人は、ルールを知ることによってラグビーというスポーツの面白さ、その醍醐味が倍増するはずだ。

　本書は、そんなプレーヤーや観戦者のために、ラグビーのルールを分かりやすく整理し、解説している。プレーする時に、または観戦する時に役立たせてほしい。

項目
ラグビーのルールとマッチオフィシャルに関する項目を表示

解説
ルールの詳細と適用、あるいはプレーの再開方法など、ポイントをわかりやすく解説

第2章
19 ボールをタッチに蹴り出す

ボールをタッチに蹴り出した後の様々なプレー再開方法を覚えよう

試合中、タッチラインの外にボールを蹴り出すことがある。防御側チームが地域獲得を図る際によく使われるプレーだが、キックした場所から至るまでの経緯、またはボールの落下地点等によって、次にプレーを再開する地点が変わるので、右ページにある様々なケースを覚えておこう。そのためにも、まずは下にある用語とその意味を理解しておいてほしい。

知っておきたい！ ルール豆知識

- 「キックが直接タッチになる」とは、蹴られたボールがプレーヤー、レフリー、フィールドオブプレー内の地面に触れることなく、タッチになることをいう
- 「22メートル区域」とは、22メートルラインとゴールラインの間の区域をいう。ただし、ゴールラインは区域に入らない (P13)

Check Point! ルールの変遷から理解を深めよう

古くからタッチに蹴り出すことは別のプレーとして認められていたが、それにより試合が中断するため、これまで度々ルールが変更されてきた。日本では1966年に旧称25ヤードライン（現在の22メートルライン）より相手ゴールライン側の味いて直接タッチに蹴り出すと、キックした地点からプレー再開される」ことになり、1970年にこれが国際的に採用された。その後、ボールキャリア等が自陣22mラインに入って蹴り込んだりしてパックへ戻り、自陣22mラインに戻って蹴る場合、直接タッチに蹴り出すと、そのボールが相手ゴールライン側の味地に入ってからキックしたボールが直接タッチになる場合も例

※参考資料：日と新むのろうラグビー大全（ベースボール・マガジン社）、常藤義高等学校規則図書大全（廣瀬基幸×平山浩治）

地域を獲得できるケースとできないケース

● 地域を獲得できるケース
- ❶通常のプレーでキックされたボールが、一度フィールドオブプレー内の地面に落下し「からタッチとなった場合、ボールがタッチに出た地点から相手陣ゴールのラインアウトで再開する
- ❷通常のプレーで22メートル区域内、またはインゴール内からキックしたボールが直接タッチとなった場合、ボールが出た地点から相手陣ボールのラインアウトで再開する

● 地域を獲得できないケース
- ❶通常のプレーで、22メートル区域より前方（インゴールおよび22メートル区域外）でキックしたボールが直接タッチとなった場合、キックした地点からラインに平行線上のタッチラインの地点で、相手陣ボールのラインアウトで再開する
- ❷22メートル区域より前方で行われたスクラム（またはラインアウト）で、相手ボールが押された22メートル区域に押された後、防御側チームがボールをキックしたボールが直接タッチとなった場合、キックした地点からゴールラインに平行線上のタッチラインの地点において、相手陣ボールのラインアウトで再開する
- ❸22メートル区域より後方でボールを持ったプレーヤーが22メートル区域内の味方にパスを投げて、パスを受けたプレーヤーがそのボールをキックした地点からゴールラインに平行線上のタッチラインの地点において、相手陣ボールのラインアウトで再開する（自らがキックした22メートル区域内に入ってからキックしたボールが直接タッチになる場合も例

右側タブ：
- 基本知識
- 基本的な試合展開
- 反則と再開方法
- マッチオフィシャル
- セブンズのルール
- ジュニア(U18)ラグビーのルール

知っておきたい！ ルール豆知識
基本的なルールや覚えておくべきルールまで、ポイントを絞ってわかりやすく解説

Check Point!
知っておきたいルールから覚えておきたいルールに関するマメ知識まで、ポイントを補足

ラグビーの精神

　ラグビーをプレーする、または観戦する前に、ぜひ知っておいてほしいことがあります。それは、ラグビーというスポーツが持つ特徴、そして独自性です。

　本書の巻末に掲載している「ラグビー憲章」は、ラグビーに関わるすべての人にとって非常に大切にされている考え方です。そしてそこに記される精神こそが、ラグビーの特徴、独自性を表現していると言えます。特に、ラグビー憲章の基本とされる5つの要素である「品位」、「情熱」、「結束」、「規律」、「尊重」は、ラグビーというスポーツの本質に大きく関わっています。

　ルールを覚える前に、まずはその精神を理解しておく必要があります。それなくして、ラグビーを正しくプレーすることはできませんし、楽しく観戦することもできません。同時に、他のスポーツにはないラグビーならではの精神を知ることにより、きっとルールをより深く理解することができるはずです。

JAPAN RUGBY FOOTBALL UNION

目次

第2章　基本的な競技方法　35

目次

第3章　反則とプレー再開方法　　77

01	ノックオン		78
02	スローフォワード		80
03	スクラム時の反則①	不正なスクラム形成	82
04	スクラム時の反則②	ボール投入の遅延	84
05	スクラム時の反則③	コラプシング	86
06	スクラム時の反則④	不十分なバインド	88
07	ラインアウト時の反則①	ノットストレート	90
08	ラインアウト時の反則②	ノット1メートル	92
09	タックル時の反則①	ノットリリースザボール	94
10	タックル時の反則②	ホールディング	96
11	タックル時の反則③	ノットロールアウェイ	98
12	タックル時の反則④	オーバーザトップ	100
13	タックル時の反則⑤	誤った方向からのプレーへの参加	102
14	オフサイドの基本		104
15	通常のプレーのオフサイド		106
16	ラック、モール時のオフサイド		108
17	スクラム時のオフサイド		110
18	ラインアウト時のオフサイド		112
19	アドバンテージ		114
20	不正なプレー		116
21	危険なプレー		118
22	警告と退場		120

目次

基本知識

グラウンドの サイズと名称

グラウンドの各ラインの長さと 各ラインや区域の名称を確認しよう

　ラグビーは、下図のようなラインで描かれた長方形グラウンドで行われ、縦94〜100 m×横68〜70 mの「フィールドオブプレー」と「インゴール」と呼ばれる縦6〜22m×横68〜70 mのエリアが存在する。右ページにある各区域の名称とともに、覚えておこう。

各ラインの長さと名称

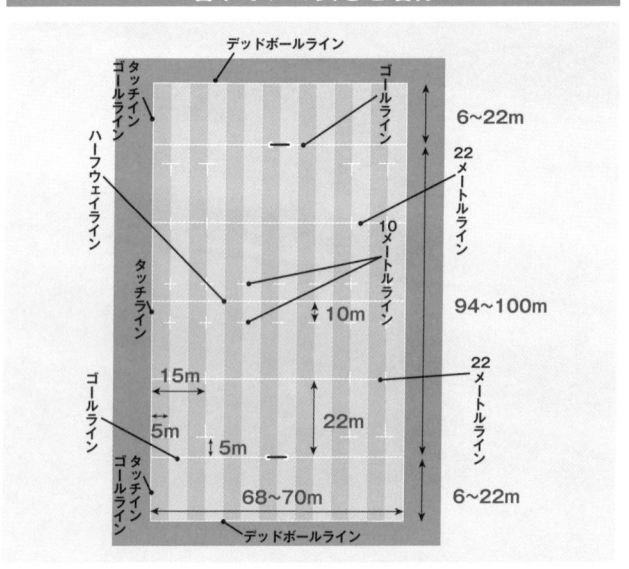

各区域の名称

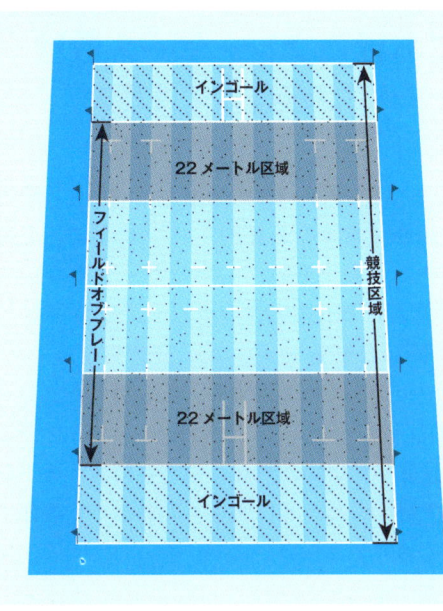

- インゴール
- 22 メートル区域
- フィールドオブプレー
- 競技区域
- 22 メートル区域
- インゴール

基本知識

基本的な競技方法

反則とプレー再開方法

マッチオフィシャルのために

セブンズのルール

ジュニア（U-15）ラグビーのルール

ゴールポストとクロスバー

①ゴールポストの間隔は 5.6 m
②クロスバーは地面から上端部まで 高さ 3 m で、ゴールポストの間に設ける
③ゴールポストの高さは地面から 3.4 m 以上

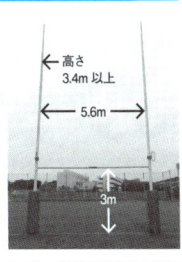

- 高さ 3.4m 以上
- 5.6m
- 3m

④ゴールポストにパッドを取り付ける場合、パッドの外側がゴールラインから 300mm を超えてはならない

フラッグポスト

①フラッグポストは地面から 1.2 m 以上の高さで、全部で 14 本
②8 本のフラッグポストをタッチインゴールラインとゴールラインの交点、タッチインゴールラインとデッドボールラインの交点に立てる

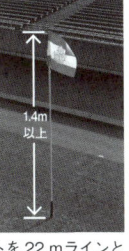

- 1.4m 以上

③6 本のフラッグポストを 22 m ラインとハーフウェイラインに対向するタッチラインの外 2 m の競技場内の地点に立てる

試合におけるプレーヤー人数は
各チームにつき最大で15人

　ラグビーは15人対15人で行うスポーツだ。また、チームは試合開始時のスタメン15人の他に、交替もしくは入替えとして認められているリザーブのプレーヤーによって構成される。なお、ラグビーでは負傷したプレーヤーと交替したプレーヤーを「交替のプレーヤー（＝Replacement）」、戦術的理由で入れ替わったプレーヤーを「入替えのプレーヤー（＝ Substitute）」と、2つに分けているので注意したい。これは、試合中におけるプレーヤーの交替と入替えのルールに大きく関わってくるので、しっかり覚えておいてほしい。

知っておきたい！ルール豆知識

★ 両チームとも、試合中に競技区域内にいるプレーヤー人数は15人を超えてはならない

★ 協会または試合主催者は、1チームにつき15人より少ないプレーヤーによる試合を許可することができる 。また、もし1チームが15人揃っていない場合でも、スクラムに参加できるプレーヤーが最低5人がいれば、試合を行うことができる

★ 相手チームのプレーヤー人数について、試合前や試合中にレフリーに異議を申し立てることができる。レフリーは、15人以上いると認めたら、そのチームのキャプテンに適切な人数に減らすよう命じる。その場合、それまでの得点は変わらないが、異議を申し立てたチームには、次に試合が再開される地点からペナルティキックが与えられる

15プレーヤーのポジションと それぞれの呼称と背番号

　試合に先発出場する15人のプレーヤーは、ポジションに従ってそれぞれ1番から15番の背番号をつけてプレーする。また、各ポジションは下のような呼称があり、フォワード（FW）8人とバック（BK）7人に大きく分けられる。さらにフォワードはフロントロー、セカンドロー、バックローに、バックはハーフバックス、スリークォーターバックス、フルバックに分けられることも覚えておこう。

背番号および各ポジションの呼称

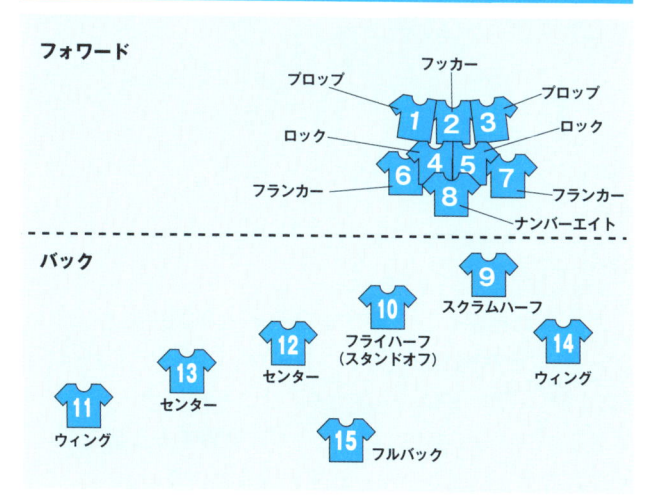

基本知識

基本的な競技方法

反則とプレー再開方法

マッチオフィシャルのために

セブンズのルール

ジュニア（U-15）ラグビーのルール

第1章 04 フォワードとバック

 15人は、フォワード8人と
バックス7人に大きく分けられる

　プレーヤーが任される各ポジションには、違った役割と特徴がある。15人は、スクラムを組むフォワード8人と、主に攻撃を担うバックス7人に大きく分けられるが、自分がどのポジションに適しているのかを把握するためにも、まずはフォワードとバックの特徴を理解しておこう。

フォワーズ（Forwards）の役割

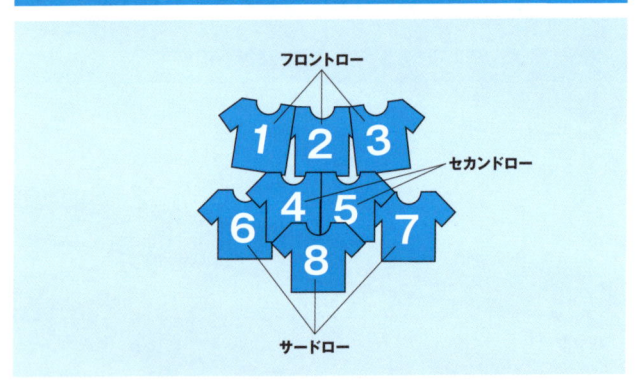

　スクラムを組む8人をフォワードと呼ぶ。さらにフォワードは、最前列からフロントロー（第1列）、セカンドロー（第2列）、サードロー（第3列）と、3列に分けることができる。フォワードは、主にボールを獲得する仕事を担い、サイズの大きいプレーヤーが務めることが多い。

バックス（Backs）の役割

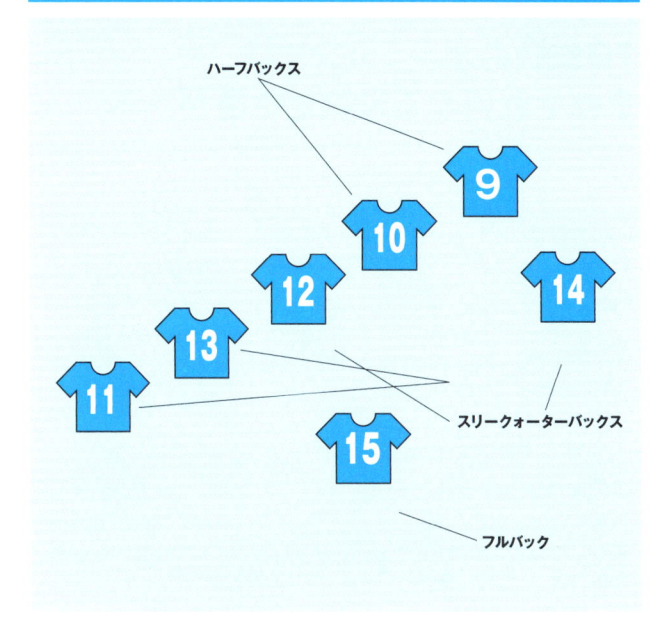

ハーフバックス

スリークォーターバックス

フルバック

基本知識

基本的な競技方法

反則とプレー再開方法

マッチオフィシャルのために

セブンズのルール

ジュニア（U-15）ラグビーのルール

　スクラム時はその後方に位置し、攻撃に備える７人の
プレーヤーをバックスと呼んでいる。さらに、バックスは
ハーフバック（９番、10番）、スリークォーターバックス
（11番、12番、13番、14番）、フルバック（15番）と、
３つに分けることができる。試合では、バックスのプレー
ヤーは、走ったり、パスを出したり、キックを使ったりし
て、主に攻撃における中心的な役割を担っている。重量級
が多いフォワードと比較すると、足の速いプレーヤーや、
ハンドリングスキル、キッキングスキル等に優れている器
用なプレーヤーが多いとされている。

第1章 05 各ポジションの役割

10種類のポジションには それぞれ異なる役割と特徴がある

各ポジションの役割と特徴

1 3 プロップ／Props

プロップは支柱の意。最前列でスクラムを組み、1番は右肩だけ組むのでルースヘッド・プロップ、3番は相手の1番と2番の間に首を入れて両肩を組むのでタイトヘッド・プロップとも呼ばれる。

2 フッカー／Hooker

スクラム時に投入されたボールを足でフッキングする役割を担う。最前列中央でスクラムをコントロールする舵取り役であり、ラインアウト時はボール投入者となることもある。器用なプレーヤーが務める場合が多い。

4 5 ロック／Locks

スクラムの核。ラインアウトやキックオフ時にはボールをキャッチすることが多く、身長が高くサイズの大きいプレーヤーが務めることが多い。また、スピーディーな連続攻撃が行われる現代ラグビーでは、運動量が要求される。

6 7 フランカー／Flankers

基本的に6番がスクラムの左、7番が右だが、現代では広いスペースを担当するフランカー、狭いスペースを担当するフランカーと分ける方が一般的。狭いサイドは大柄で突破力のあるプレーヤー、広いサイドはスピードがあるプレーヤーが務める場合が多い。

8 ナンバーエイト／Number 8

　スクラムでは最後尾中央に位置し、攻守に渡って自由に動き回るためスピードとタフさが要求されるポジション。ラインアウト時のジャンパー、バックスのサポート役など、攻守の要となるプレーヤー。

9 スクラムハーフ／Scrum half

　スクラム時にボールを投入する他、スクラム、ラック、モール、ラインアウトなどから出たボールを素早く味方に供給する。パス技術とセンス、俊敏性、判断力などが必要とされ、比較的小柄なプレーヤーでも務められることが多い。

10 フライハーフ／Fly half

　ゲームをコントロールする司令塔。パス、ラン、キックと、状況を判断して攻撃の選択をするプレーメイカー。パスやキックの技術が求められる。日本ではスタンドオフ（Stand Off）と呼ばれ、ラグビーでは花形のポジション。

12 13 センター／Centers

　正確にはセンター・スリークォーターバックス（CTB）。タックルで起点も作る攻守の要。強さ、走力、パスセンスが求められる。インサイドにプレーメイカータイプ、アウトサイドに強くて速いプレーヤーを置くことが多い。

11 14 ウイング／Wings

　正確にはウイング・スリークォーターバック（WTB）。バックスラインの両翼に位置し、トライを狙うのが最も重要な仕事。スピードがあって1対1に強いプレーヤーが務めることが多い。また、相手を振り切る走力も必要とされる。

15 フルバック／Full back

　最後尾に位置し、戦況を見極めて味方に指示を出す。最後の砦として自陣ゴールラインを守ると同時に、積極的に攻撃に参加する。地域獲得のためのキックもあるため、キッキングスキルが必要とされる。

基本知識

基本的な競技方法

反則とプレー再開方法

マッチオフィシャルのために

セブンズのルール

ジュニア（U-15）ラグビーのルール

プレーヤーの交替と入替え

プレーヤーの負傷による交替と戦術的理由による入替えの人数

　試合中は、プレーヤーの負傷による「交替（Replacement）」と、戦術的理由による「入替え（Substitute）」が認められているが、その人数はフロントロー3人、その他のプレーヤー5人の計8人までとされている。また、スタメンとリザーブの合計人数（指名人数）によって、含まれなければならないフロントローの人数が変わってくるので注意したい（右ページ参照）。なお、プレーヤーの交替、入替えはいずれもボールがデッドになった時に、レフリーの許可を得たうえで行うことを覚えておこう。

©Kenji Demura

交替、入替えはボールがデッドになった時にレフリーの許可を得たうえで行う

1チームに必要なフロントローの人数

1チームの人数（指名人数）	フロントローの必要人数
23人（例：スタメン15人＋リザーブ8人）	6人（例：スタメン3人＋リザーブ3人）
19人～22人	5人
16人～18人	4人
15人以下	3人

Check Point! フロントローの必要人数

スクラムを安全に行うため、試合では各チームに最低でも必ず3人のフロントローが必要とされる。もし負傷等でリザーブにもフロントローが足りなくなってしまった場合は、双方が押し合わず、ボール投入側が必ずボールを獲得する方法のスクラム（アンコンテストスクラム＝Uncontested Scrum）で試合を続行することになっている。

知っておきたい！ ルール 豆知識

★ 試合では、負傷による「交替」と戦術的理由による「入替え」は、合わせて1チーム8人まで行える

★ 8人以内であれば、試合の主催者が交替と入替えの人数を決定することができる

★ プレーヤーの交替、入替えはいずれもボールがデッドになった時に、レフリーの許可を得たうえで行う

★ 退場（レッドカード）したプレーヤーに対する交替、入替えは不可

★ 試合中にプレーヤーが出血した時、一時的にリザーブのプレーヤーが交替で出場できる（一時的交替）。ただし、治療により出血が収まったら、プレーに復帰することができる

★ 出血したプレーヤーが15分以内に復帰できない場合、一時的交替は正式な交替となり、出血していたプレーヤーはプレーに戻ることはできない

★ 戦術的に交替されたプレーヤーは、負傷したフロントローのプレーヤー、出血を伴う負傷をしたプレーヤー、頭部外傷を被ったプレーヤー、不正なプレーを受けて負傷したプレーヤーの場合に限って、（入れ替わったプレーヤーが再度）プレーに戻ることができる

基本知識

基本的な競技方法

反則とプレー再開方法

マッチオフィシャルのために

セブンズのルール

ジュニア（U-15）ラグビーのルール

試合時間は、前半、後半ともに 40分以内、ハーフタイムは15分以内

　ラグビーの試合は、前半、後半ともに 40 分、計 80 分間で行われる。ただし、プレーヤーの年齢や性別等に応じて短縮することも認められている。前後半の間に挟むハーフタイムは 15 分以内。また、下記のようにロスタイム（失われた時間）が生じた場合は、遅延が起こった前後半それぞれの中で延長される。

前半 1st Half	ハーフタイム 15分間	後半 2nd Half
40分間 年齢・性別等に応じて 事前に短縮が可能	**15分間** 大会規定により、 事前に短縮可能	**40分間** 年齢・性別等に応じて 事前に短縮が可能

※ハーフタイム後はサイドを交換して試合を再開する

知っておきたい！ ルール 豆知識

★ タイムキーパー制の場合は（時間を）タイムキーパーが計ってレフリーに知らせるが、試合時間に対する責任はレフリーが負う。

★ 試合時間を過ぎてもプレーが継続中の場合、ボールがデッドになるまで終了しない。ただし、ペナルティキック、フリーキック、マーク、スクラムの組み直し、トライ後のコンバージョンが与えられた場合は競技を続行する

★ 次のような場合はロスタイムとなり、遅延が起こった前後半それぞれの中で延長する。①プレーヤーの負傷、②プレーヤーの服装の変更（ボールデッド時、レフリーが認めた場合に限られる）、③プレーヤーの交替と入替え、④レフリーがアシスタントレフリーや他のオフィシャルに意見を求める場合

第1章 08 マッチオフィシャル

試合は、マッチオフィシャルの支配下によって行われる

試合は、1人のレフリーと、2人のアシスタントレフリーまたはタッチジャッジからなる「マッチオフィシャル」の下で行われる。試合におけるレフリーは絶対的なものなので、プレーヤーは常にそれを尊重し、決して意見してはならないということを覚えておこう。

レフリー
試合における唯一の事実の判定者。一貫性、公平性を持って試合をスムースに進行させる役割を担っている

アシスタントレフリーまたはタッチジャッジ
試合では2人のアシスタントレフリー、またはタッチジャッジを置くが、与えられる権限はそれぞれ異なっている

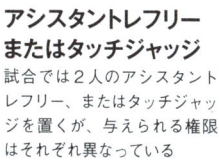

Check Point! アシスタントレフリーとタッチジャッジの違いと追加人員

アシスタントレフリーは、タッチ、タッチインゴール、キックによるゴールの成否等をシグナルするというタッチジャッジの職務に加え、不正なプレーをレフリーに進言する権限等、レフリーの補佐も行う。両者の違いはライセンス保有の有無による。

試合では、ビデオ等機器を使用してレフリーの判定を補助するテレビジョンマッチオフィシャル、タイムキーパー、マッチドクター、チームドクター、各チームのノンプレーイングメンバー、ボールパーソンが「追加人員」として認められる。

周りの人を傷つけるような危険物は身につけないようにしよう

　ラグビーの象徴とも言われるのが、楕円形のボールだ。その形状から、パスやキックなどを正確に行うには高いスキルが求められる。このボールについては、サイズなど細かい規定も存在するが、年少のプレーヤーなどには異なる寸法のボールでプレーすることも認められている。また、試合におけるプレーヤーの服装と、身に付けてよい用具については右ページを参照してほしい。着用を禁止されているものもあるので、覚えておこう。

ラグビーボールの寸法

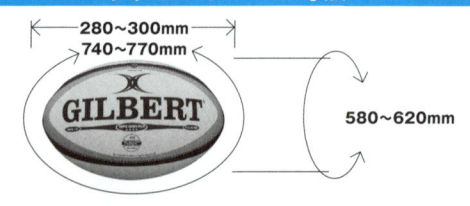

280〜300mm
740〜770mm
580〜620mm

ボールの材質、重さなどの規定

- 楕円形で4枚張りでなければならない
- 材質は皮または類似の合成皮革。つかみやすいように防水加工してあってもよい
- 重さは、410 〜 460 g
- 試合開始時の内圧は、65.71 〜 68.75 キロパスカル、または1平方センチメートルあたり 0.67 〜 0.70 キログラム
- 試合では予備ボールを用意できるが、使用の際、いずれのチームも不当な利益を得ることがあってはならない

プレーヤーの服装と主な着用可能用具

基本知識

基本的な競技方法

反則とプレー再開方法

マッチオフィシャルのために

セブンズのルール

ジュニア（U-15）ラグビーのルール

ヘッドキャップ
柔らかく薄い材質で作られた
ヘッドキャップ

口および歯の保護具
マウスガード、および歯を保護するもの

肩あて
柔らかく薄い素材で作られた肌着類。またはジャージに組み込まれた肩あて。肩と鎖骨のみを覆ったもの。圧縮されない状態で1cmを超えてはならない

サポーター
金属以外で作られた足首用サポーター。ソックスの内側に着用され、すねの3分の1を超えてはならない

手袋
指先を切ってある手袋で、指先に近い関節より先を手袋で覆ってはならない。手首を超えて覆ってもいけない

包帯・テープ類
傷や負傷箇所を覆うための包帯。傷や負傷箇所を守る、防ぐための薄いテープ類

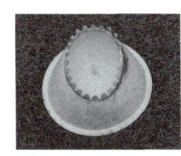

女性プレーヤー
胸あてを着用する場合、衣類に組み込まれた柔らかい材質で、肩と鎖骨と胸のすべて、または一部のみを覆ったもの。圧縮された状態で1cmを、密度が45kg/m³を超えてはならない

プレースキック用ティー
プレースキックをする際、ボールをセットするためのティー

着用が禁止されている主な例

- 指輪、イヤリング等の宝飾品、バックル、クリップ、リング、ジッパー、ねじ、ボルトといった硬い材質、突起物を含むもの
- パッドが縫い込まれたパンツ
- 規定に認められたものを除き、圧縮されない状態で厚さが0.5cmを超えるもの。密度が45kg/m³を超えるもの
- 規則で認められていてもレフリーが危険と判断したもの

試合は、ドロップキックによる キックオフで前後半とも開始する

　試合の各ハーフや延長戦の開始時に行うキックが、キックオフだ。試合開始前のトスに勝ったチームのキャプテンがキックを選択した場合、そのチームが前半のキックオフを行い、後半はその反対チームがキックオフを行う。また、得点後は得点された側のキックオフで試合を再開する。なお、キックオフはハーフウェイラインの中央、もしくはその後方からドロップキック（P40〜41）で行われる。その他、キックオフについてしっかり覚えておこう。

正しいキックオフ方法とその流れ

試合開始前	試合前のトスに勝ったチームのキャプテンがキックを選択した場合、そのチームが前半開始のキックオフを行う
前半開始	ハーフウェイラインの中央、もしくはその後方からドロップキックでキックオフする ・キックされたボールは、相手陣内の10mラインを超えなければいけない（超えなかった場合については右ページ参照） ・キックオフ側チームのプレーヤーはボールより後方に位置する。相手側チームは自陣10mラインの後方に位置する（キックオフ時のプレーヤーのポジションについては右ページ参照）
得点後	得点後は、得点された側のチームのキックオフで再開する
後半開始	後半は、前半にキックオフしたチームと反対側のチームのキックオフで開始される

※延長戦のキックオフは、延長戦開始前にトスを行ったうえで、通常の試合開始時と同様にキックオフする

キックオフ時における両チームのプレーヤーの位置

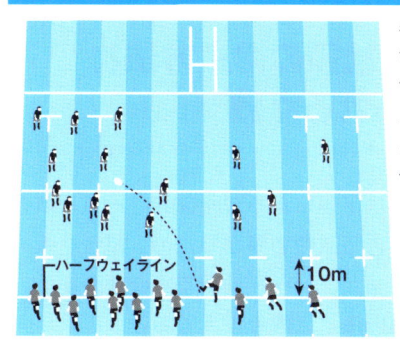

ーハーフウェイライン

10m

キックオフ時は、キッカー側の
チームのプレーヤーは全員ボール
より後方に位置しなければな
らない。また、相手側チームの
プレーヤーは全員ハーフウェイ
ラインから手前10mより前に
位置してはならない

正しくない方法でキックオフされた場合の再開方法

正しいキックオフが 行われなかったケース	再開方法
キックオフが正しい場所で行われなかった、またはドロップキックで行われなかった	相手側は次の選択ができる。①再びキックオフをさせる ②ハーフウェイライン中央で自チームがボールを投入するスクラム
キックオフ時にキッカー側チームのプレーヤーが正しいポジションにいなかった	ハーフウェイライン中央で相手側がボールを投入するスクラム
キックオフ時に相手側チームのプレーヤーが正しいポジションにいなかった、またはキックされる前にチャージした	キックオフのやり直し
キックしたボールが10mラインに達しなかった時に、相手側が最初にプレーした	競技をそのまま続ける
キックしたボールが10mラインに達しなかった時に、相手側にプレーされなかった	相手側は次の選択ができる。①再びキックオフをさせる ②ハーフウェイライン中央で自チームがボールを投入するスクラム
キックオフしたボールが直接タッチになった	相手側は次の選択ができる。①再びキックオフをさせる ②ハーフウェイライン中央で自チームがボールを投入するスクラム ③そのキックを認め、ハーフウェイライン上でラインアウト。ボールが風に吹き戻されてタッチになった時はその地点でラインアウト
キックオフしたボールが誰にも触れずにインゴールに入った	相手側は次の選択ができる。①グラウンディングする ②デッドにする ③プレーを続行する
上記の時、相手側がグラウンディングかデッドにするか、ボールがタッチインゴールに出たり、デッドボールラインに触れるか越えた	相手側は次の選択ができる。①再びキックオフをさせる ②ハーフウェイライン中央で自チームがボールを投入するスクラム

基本知識

基本的な競技方法

反則と
プレー再開方法

マッチオフィシャル
のために

セブンズのルール

ジュニア（U-15）
ラグビーのルール

11 得点方法

試合における5種類の得点方法とそれぞれで得られる点数

　ラグビーの得点方法は下表にある5種類だ。それぞれの得点方法によって得られる点数も異なるため、試合を進める中で、勝つための最適なプレーを選択する必要がある。ここでは、まず各得点方法と点数を覚えておこう。

5つの得点方法とそれぞれで得られる点数

得点の種類	方法	点数
トライ	攻撃側のプレーヤーが相手側のインゴールで、最初にボールをグラウンディングする	5点
ペナルティトライ	相手側の不正なプレーがなければ間違いなくトライが得られたと認められた場合、ゴールポスト中央にペナルティトライが認められる	7点
コンバージョンゴール	トライが得られた場合、トライした側はゴールキックによりゴールできる（詳細は右ページ参照）	2点
ペナルティゴール	ペナルティキックによりゴールキックが成功する	3点
ドロップゴール	通常のプレー中にドロップキックによりゴールする	3点

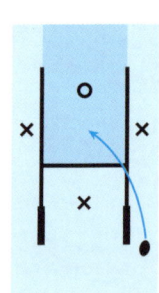

Check Point! キックによる得点

　コンバージョンゴール、ペナルティゴール、ドロップゴールは、いずれもフィールドオブプレーからプレースキック、またはドロップキックでキックしたボールが相手側クロスバーの上でゴールポストの間を越えた時に得点となる。また、クロスバーやポストに当たって入った場合もゴールが認められる（ドロップキック、プレースキック等キックの方法についてはP40～41を参照）。

コンバージョンキックの場所と相手プレーヤーの位置

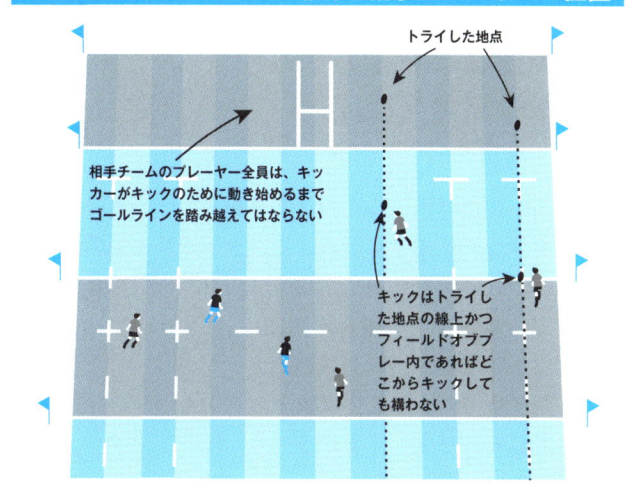

トライした地点

相手チームのプレーヤー全員は、キッカーがキックのために動き始めるまでゴールラインを踏み越えてはならない

キックはトライした地点の線上かつフィールドオブプレー内であればどこからキックしても構わない

知っておきたい！ ルール 豆知識

★ コンバージョンキックの際、ボールを直接地面に置いても、砂、おがくず、キック用ティーに置いてキックしてもよい

★ 味方プレーヤーがボールを抑えてキックしてもよい

★ トライしてから90秒以内にキックしなければいけない（時間を過ぎた場合はキックが禁止される）

★ ほとんどのコンバージョンキックはプレースキックで行われるが、ドロップキックでも構わない

★ 相手側のプレーヤーは、キッカーがキック動作を始めたら、ゴールラインを越えてゴールを阻止するためのチャージを行える

★ 相手側プレーヤーは、キックの間、大声を発してはならない

★ 相手側チームが反則を行った場合、キックはやり直しとなり、チャージは禁止される。ただし、反則があってもゴールが成功した場合はそのまま得点となる

12 タッチ

タッチとなるさまざまなケースをしっかり覚えておこう

　ボール、またはボールを持ったプレーヤー（ボールキャリア）がタッチラインに触れたり、タッチラインの外側の地面、物、人に触れたりした場合は、タッチとなる（タッチインゴールラインの場合も同様）。タッチになったらラインアウト等でプレーを再開するが、それについては第2章で紹介するので、ここではまずタッチか否かの判定基準についてしっかり覚えておこう。

両足が競技区域内にある場合

両足が競技区域内にあるプレーヤーが空中にあるボールをキャッチした時、ボールがタッチライン（立平面）を越えていた場合でもタッチとはならない（プレーオン※写真参照）。ただし、取り損なってボールがタッチラインの外側に落ちた場合は、ファンブルはキャッチの一部なので自分が出したことになる（相手側がボールを投入するラインアウトで再開）

両足または片足が競技区域外にある場合

両足または片足が競技区域外（タッチ）にあるプレーヤーが空中にあるボールをキャッチした時、ボールがタッチライン（立平面）を越えていなかった場合は自分が出したことになる（相手側がボールを投入するラインアウトで再開※写真参照）。ただし、キャッチではなくキックまたはノックした場合はタッチとはならない（プレーオン）。一方、ボールがタッチライン（立平面）を越えていた場合は相手側が出したことになる（自分側がボールを投入するラインアウトで再開）

競技区域の外側からジャンプして内側に着地する場合

競技区域外　競技区域内

ジャンプ

タッチライン

プレーヤーがタッチラインの外側（競技区域外）からジャンプし、タッチラインの内側に着地する時、ボールをキャッチした際にボールがタッチライン（立平面）を越えていた場合は、相手側が出したことになる（自分側がボールを投入するラインアウトで再開※イラスト左参照）。一方、ボールがタッチライン（立平面）を越えていなかった場合は、タッチとはならない（プレーオン※イラスト右参照）

競技区域の内側からジャンプして外側に着地する場合

競技区域外　競技区域内

ジャンプ

タッチライン

プレーヤーがタッチラインの内側（競技区域内）からジャンプし、タッチラインの外側に着地する時、ボールをキャッチまたはボールに触れた際にボールがタッチライン（立平面）を越えていたが、外側に着地する前にボールを内側に戻した場合はタッチとはならない（プレーオン）。ただし、前方へボールを戻した場合はノックオンまたはスローフォワードとしてアドバンテージが適用される。また、失敗してボールを内側に戻せなかった場合は、相手側が出したことになる（自分側がボールを投入するラインアウトで再開※イラスト参照）。一方、ボールをキャッチまたはボールに触れた際にボールがタッチライン（立平面）を越えていなかった場合は、自分が出したことになる（相手側がボールを投入するラインアウトで再開）

13 勝敗の決定

試合終了時の得点数で勝敗を決める
引き分けの場合は大会規定による

　試合の勝ち負けは、試合が終了した時点でより多くの得点を決めたチームを勝ちとする。また、両チームが同点、またはともに無得点で規定の試合時間を終えた場合は引き分けとなる。ただし、トーナメント方式等、大会規定によっては引き分け後に勝敗を決定するための延長戦を行うことがある。また、さらに延長戦でも勝敗が決しない場合はいくつかの方法で勝敗を決めるが、いずれも大会規定によって異なるため、事前に大会レギュレーションを確認しておく必要がある。

引き分け後の勝敗決定方法の例

トーナメント方式等、必ず勝敗を決めなければならない場合、以下のような方法で勝敗を決定することがあるが、大会規定によって方法が異なるので事前に必ず確認しておくこと

- 「延長戦」＝前後半 10 分ハーフの延長戦を行う（時間は大会規定によって異なる）
- 「サンドンデス方式の延長戦」＝たとえば、ワールドカップでは延長戦で勝敗が決しない時、先に得点をした方が勝利となるサンドンデス方式の延長戦（前後半 10 分ハーフ）を行って勝敗を決めることがある
- 「キッキング・コンペティション」＝1 チーム 5 人のキッカーを決め、22 m ライン上からキックして決まったゴール数で勝敗を決める。キックする場所は大会規定によって異なるが、たとえばワールドカップでは左右中央 3 地点をキックする順番によって予め決めておく方法をとっている
- 「抽選」＝抽選によって勝敗を決定する

基本知識

基本的な競技方法

反則と
プレー再開方法

マッチオフィシャル
のために

セブンズのルール

ジュニア（U-15）
ラグビーのルール

リスペクト、品位、誠実さ等 ノーサイドの精神を忘れないこと

　試合が終了したら、結果や内容に関係なく、プレーヤーはチームメイト、相手チームのプレーヤー、マッチオフィシャル、そして試合に参加する人たちに対してリスペクトや感謝の気持ちを忘れてはいけない。また、ラグビーの試合は品位、誠実さ、フェアプレーがその核となっていることも覚えておこう。日本ではこの精神を「ノーサイドの精神」と呼び、大切にしている。

©JRFU/Photo;K.Demura

試合終了後は、結果に関係なく、お互いの健闘を称え合おう

ラグビーのルールに色濃く残る
英国エリートリーダーたちの考え

そもそもラグビーというスポーツは「アスレティシズム」、つまりスポーツにおける教育的機能を重視してスタートしたという歴史があるため、勝敗よりも、ゲームを通じてジェントルマン（紳士）を育てるという英国パブリックスクールの考え方がそのベースに存在している。従って、他にある多くのスポーツと違って、試合中にプレーヤーがレフリーに抗議するような行為を見かけることはない。レフリーの存在は絶対であり、判定を委ねたレフリーに抗議することは自己矛盾の最たるものだと考えられているからだ。また、「アスレティシズム」はルールの中にも色濃く反映されている。たとえばペナルティキックの際にキックやスクラム等プレー再開方法をプレーヤーが自由に選択できることも、ラグビーの特徴になっている。スクラムやラインアウトの時にイコールコンディションで再開することを基本としていることも含めて、これらは「平等性」、「公平性」という英国エリートリーダーたちの考え方が表れている特徴的なルールと言える。

基本的な競技方法

ラグビーの基本と競技の流れ

基本的な競技の流れと競技方法の原則を理解しよう

　ラグビーは、お互いに陣地を取り合うゲームだ。よって、一度ボールを獲得したら、次の目標はボールを持って運ぶか、ボールをキックして動かし、相手の陣地に持ち込んで前進を続け、最終的に得点を取ることとなる。このことをチーム全員が共通に理解し、力を合わせて繰り返すことが勝利するために重要になる。ラグビーという競技の流れを示した下の図をしっかりイメージしてプレーしよう。

ラグビーにおける競技の流れ

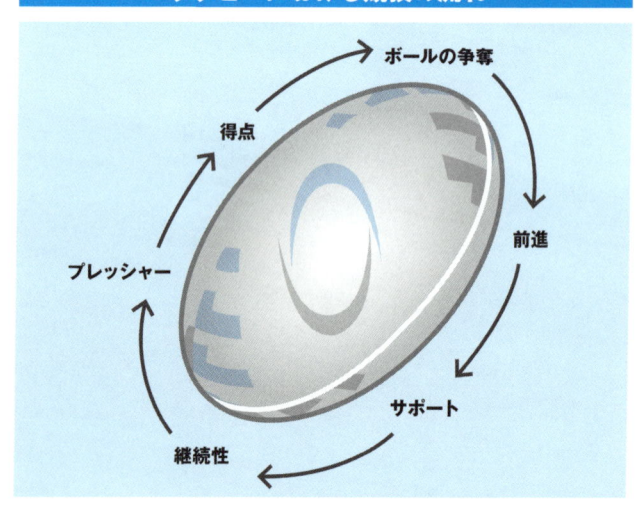

ボールの争奪
得点
前進
プレッシャー
サポート
継続性

試合におけるプレーの原則

　競技規則の中には、「プレイング・ア・マッチ」という競技方法の基本原則が記されている。これから紹介する具体的な競技方法（プレーの基本）を覚える前に、ラグビーという競技を楽しみ、試合に勝利するためにも、以下の基本原則を理解したうえで安全にプレーしてほしい。

プレイング・ア・マッチ（PLAYING A MATCH）

- 試合はキックオフによって開始される
- キックオフの後、オンサイドにあるプレーヤーは、ボールを捕り、ボールを持って走ることができる
- ボールを他のプレーヤーに投げ、またはキックすることができる
- ボールを他のプレーヤーに与えることができる
- 相手側のボールキャリアをタックルし、とらえ、押すことができる
- ボールに倒れ込むことができる
- スクラム、ラック、モール、またはラインアウトに参加することができる
- インゴールにボールをグラウンディングする（地面に置く）ことができる
- ボールキャリアは、相手に対しハンドオフする（手でつき放す）ことができる
- プレーヤーのすることはすべて、競技規則に従ったものでなければならない

©JRFU/Photo:H.Nagaoka

ラグビーの競技方法を正しく理解し、安全にプレーしよう

基本知識

基本的な競技方法

反則とプレー再開方法

マッチオフィシャルのために

セブンズのルール

ジュニア（U-15）ラグビーのルール

グラウンドを自由に走れることが
ラグビーという競技の特徴

　ラグビーの特徴のひとつは、ボールを持って走ることができるという点だ。ボールキャリアは競技区域内では自由に走ることができるので、プレーの基本中の基本と言える。また、ボールを持って走る以外にも、ボールを目指して走ったり、相手を捕まえるために走ったり、味方をサポートするために走ったりもする。そして、試合の中では単純に走るだけでなく、相手をかわしたり、捕まえたりするためのランニングスキルも求められる。単純に走るといっても、さまざまなケースがあることを覚えておこう。

ボールキャリアは、競技区域内では自由に走ることができる

第2章 03 パス（ボールを味方に投げる）

自分より前に位置する味方には
パスすることはできない

　ボールキャリアは、ボールを味方にパスすることができる。ただし、その時に注意しなければならないのは、前方にパスしてはいけないというルールがあることだ。ここでいう前方とは、相手陣内のゴールライン方向という意味だ。そして、もし前方にパスしてしまった場合は、第3章で紹介する「スローフォワード（P80〜81）」という反則になるので、注意してほしい。ラグビーのボールは楕円形なので、味方が受け取りやすいボールを投げることは意外と難しいことも知っておこう。

自分より前方にいる味方にはパスできないというルールがあることを覚えておこう

基本知識

基本的な競技方法

反則とプレー再開方法

マッチオフィシャルのために

セブンズのルール

ジュニア（U-15）ラグビーのルール

ラグビーのキックは主に3種類 あることを覚えておこう

　ラグビーは、ラグビーフットボールと呼ばれていることからも分かるように、足を使ってボールをキックすることが認められている競技だ。前ページで紹介したように、手を使ったパスは前方に投げることが禁止されているが、ボールを前方にキックすることは認められており、それをキッカーよりも後方にいた味方が走って行ってボールを捕ることもできる。あるいは、サッカーのドリブルのようにボールを蹴って前進することもできる。その他、ゴールを狙う時や陣地を獲得すべくタッチにボールを蹴り出したい時等、あらゆる場面でキックが使われる。また、キックには主に3種類あるので、それぞれのキック方法と試合における使い方をしっかり覚えておいてほしい。

3種類のキック方法と主な使用場面

キックの種類	主な使用場面
パントキック	前方にキックして陣地を獲得したい時 タッチに出したい時 前方のスペースにキックして味方にトライさせたい時
ドロップキック	キックオフ時 ドロップゴールを狙う時 ドロップアウトでのプレー再開時
プレースキック	トライ後のコンバージョンを狙う時 ペナルティキックを得てゴールを狙う時

３種類のキック方法

パントキック

ボールを手で持ち、パントキックのキックモーションに入る

ボールを手から放して、タイミングを合わせて蹴り足を振る

パントキックはボールが地面に着地する前にキックする

ドロップキック

ボールを手で持ち、ドロップキックのキックモーションに入る

ボールを手から放して、ボールを地面に着地させる

ドロップキックはボールが地面に着地した直後にキックする

プレースキック

ボールをセットした後、プレースキックのキックモーションに入る

地面にセットされたボールの位置に合わせて蹴り足を振る

プレースキックはティー等で地面にセットされたボールをキックする

基本知識

基本的な競技方法

反則とプレー再開方法

マッチオフィシャルのために

セブンズのルール

ジュニア（U-15）ラグビーのルール

 タックル

タックルは醍醐味であると同時に
激しいボディコンタクトを伴う

　タックルは、相手側ボールキャリアを防御側が正当な方法で捕まえるためのプレーだ。ラグビーの醍醐味であると同時に、激しいボディコンタクトを伴う。従って、どのような状態であればタックルが成立するか、あるいはその後のプレーの扱いはどうなるか等、安全にプレーするために細かいルールが存在している。たとえば、タックルはフィールドオブプレー内でのみ発生し、相手に捕まえられたボールキャリアが地面に倒れた状態にならないと成立しない等だ。右ページをよく読んでしっかり覚えてほしい。

タックルはラグビーの醍醐味のひとつ。その定義についても知っておこう

基本知識

基本的な競技方法

反則とプレー再開方法

マッチオフィシャルのために

セブンズのルール

ジュニア（U-15）ラグビーのルール

タックルとは……

- フィールドオブプレー内でボールキャリアが相手プレーヤー（1人でも複数でも）に捕まり、地面に倒された時にタックルが成立する。ボールキャリアを捕まえて地面に倒し、かつ自身も地面に倒れたプレーヤーは「タックラー」となる
- 「地面に倒された」とは、ボールキャリアの片膝または両膝が地面につく、地面に腰を下す、横たわる状態をいう。また、地面でなく横たわったプレーヤーの上に同様の状態になった場合も「地面に倒された」ことになる

タックルが成立した状態

ボールキャリアを捕まえて地面に倒したのでタックルが成立。その時、自分も倒れた場合はタックラーとなる

タックルが不成立の状態

ボールキャリアを捕まえようとしたが、相手が踏ん張って立ち続けている状態では、タックルは成立していない

知っておきたい！ ルール 豆知識

★ タックルはフィールドオブプレー内でのみ発生する

★ タックルは相手のボールキャリアのみに行える。ボールを持っていない相手プレーヤーを捕まえてはいけない

★ ボールキャリアが相手側1人に捕まえられた際、味方プレーヤーが捕まえられたプレーヤーをバインドした場合はモール（P46〜47）が形成され、タックルは発生しない

★ タックルが成立した時、その他の両チームのプレーヤーは必ず立った状態でプレーに参加する（ボールや倒れたプレーヤーに対して飛び込んではいけない）

同時にチェック タックルに関連する反則については第3章（P94〜103）で確認しよう

ラックは地面にあるボール周辺で立ったプレーヤーが密集した状態

　ボールが地面にある時、両チーム1人以上のプレーヤーが立ったまま身体を密着させ、ボールの周辺に密集する状態をラックという。たとえばタックル成立後、ボールキャリアがボールを地面に置いた際、その周辺に両チームのプレーヤーが集まりボールを争奪することを指す。このように、両チームの立ったプレーヤーがバインディングしながら組み合うことでラックは形成される。バインディングとは、手から肩までの腕全体を接触させて他のプレーヤーの肩から腰の間の胴体の部分をしっかりつかむことをいう。

ラックでは、両チームのプレーヤーは手でボールを扱うことが禁止されている

ラックとは……

- フィールドオブプレー内で、両チームの1人または複数のプレーヤーがお互い立った状態で身体を密着させ、地面にあるボールの周辺に密集し、ボールを争奪するプレーをラックという
- 「ラッキング」とは、ラックに参加しているプレーヤーが、不正を行うことなく、足を使ってボールを自陣側に獲得するプレーをいう

ラックが形成された状態

地面にあるボールの周辺で、立った状態の両チームのプレーヤーが組み合った時にラックが形成される

ラックでは足でボールを扱う

ラックが形成されたら、それが終了するまで両チームのプレーヤーは足のみを使ってボールを奪い合う

知っておきたい！ ルール豆知識

★ ラックはフィールドオブプレー内でのみ発生する

★ ラックでは、少なくとも1人のプレーヤーが、相手側プレーヤーの1人と身体を密着させていなければならない

★ いずれのプレーヤーも、ラックに参加する時は頭と肩を腰よりも低くしてはならない

★ プレーヤーはラックの中へボールを戻してはならない

★ ラックの中のボールを蹴り出す、または蹴り出そうとしてはならない

★ ボールがラックから出た時点でラックは終了する。また、ボールがゴールライン上か、ゴールラインを越えてインゴールに入った時にラックは終了する

基本知識

基本的な競技方法

反則とプレー再開方法

マッチオフィシャルのために

セブンズのルール

ジュニア（U-15）ラグビーのルール

相手に捕まったボールキャリアに 味方のサポートが入ってモールを作る

　モールは、ボールキャリアが相手に捕まえられた際、味方1人または複数人がサポートに入って、ボールキャリアにバインドした時に成立する。ボールキャリア1人に対して相手1人、または相手複数人という状況では、モールは成立しない。また、いずれのプレーヤーも立った状態で、なおかつラックと違ってプレーヤーがボールを手で持っている状態の時にモールとなる。なお、ボールがモールから出る、あるいはボールキャリアがモールから離れたらモールは終了する。

ボールキャリアを味方がバインドしながらサポートし、相手プレーヤーと押し合う

モールとは……

- ●ボールキャリアが、1人以上の相手プレーヤーに捕らえられ、かつ1人以上の味方がボールキャリアにバインドしている時にモールが成立する（成立するには最低3人必要）
- ●いずれのプレーヤーも立った状態で、モールの中に引き込まれているか、バインドされていなければならない。また、ゴールライン方向に前進していなければならない

モールが形成された状態

ボールキャリアに対して、両チームそれぞれ1人以上がいればモールは成立する（計3人以上）

モールが形成されていない状態

ボールキャリアに対して、それを捕まえる相手プレーヤーが1人だけという状態ではモールは成立しない

知っておきたい！ ルール豆知識

★ モールはフィールドオブプレー内でのみ発生する

★ 参加するプレーヤーは頭と肩を腰より低くしてはならない

★ プレーヤーはモールに引きこまれているか、バインドされていなければならない

★ ボールがモールから出るか、ボールキャリアがモールから離れた時にモールは終了する。ボールがゴールライン上かゴールラインを越えてインゴールに入った時も終了する

★ モールが停止したままか、前進が止まり、レフリーがプレーヤーにボールを動かすように指示をしたが5秒経過した時、モールは終了し、スクラムが命じられる

基本知識

基本的な競技方法

反則とプレー再開方法

マッチオフィシャルのために

セブンズのルール

ジュニア（U-15）ラグビーのルール

マーク

自陣22メートルラインより後方で明確なキャッチをしてマークと叫ぶ

　相手がキックしたボールを自陣 22 メートルライン上、または その後方で明確にキャッチしたプレーヤーが、キャッチすると同時に「マーク！」と叫ぶことを、マークという。マークを確認したレフリーは笛を吹き、マークしたプレーヤーにフリーキック（P68 〜 69）を与え、プレーを再開する。キックはマークした地点、またはマークした地点のタッチラインに平行な線上にある後方の地点から行う。また、キッカーとなるのはマークしたプレーヤーであることも覚えておこう。

マーク！

自陣 22 メートルラインより後方で明確に直接キャッチする際、「マーク！」と叫ぶ

マークとは……

- マークは、自陣 22 メートルライン上、またはその後方で、相手側のキックしたボールを直接明確にキャッチすると同時に「マーク！」と叫んで行われる
- マークに対してはキックが与えられ、キックはマークの地点、またはマークした地点のタッチラインに平行な線上にある後方で行う。キックの方法はフリーキック（P68 ～ 69）と同様に行う

ジャンプして明確にキャッチ

プレーヤーがジャンプしてボールを明確にキャッチした時に「マーク！」と叫んでもマークが認められる

22メートルラインを跨いだ場合

片足が 22 メートルライン上またはラインを跨いだプレーヤーがラインを超えたボールを明確にキャッチする時に「マーク！」は認められるが、ボールがラインを超えていない場合は認められない

知っておきたい！ ルール 豆知識

★ マークはキックオフからはできない。ドロップアウト（P74～75）を除く、試合再開のキックにおいても認められない

★ キャッチする前にボールがゴールポストまたはクロスバーに触れても、マークすることができる

★ 防御側のプレーヤーは、インゴール内でもマークをすることができる

★ キックはマークしたプレーヤーが行う。1分以内にキックできない場合、マークの地点で自チームがボールを投入するスクラムで再開する

★ マークした側は、マークした地点で自チームがボールを投入するスクラムを選択することができる。ただし、タッチラインから5メートル以内では組まない。マークがインゴール内の場合、スクラムはマークの地点から最短のゴールラインから5メートルの地点で行う

両チーム各8人が組み合って お互い押し合うことをスクラムという

　スクラムとは、軽度の反則等があった後、試合を再開するための方法で、ラグビーの象徴的な競技方法のひとつだ。両チームのフォワード8人が3列になり、両チームの1列目3人（フロントロー）は頭を交互に組み合ってトンネルを形成。そこに両チームのフロントローが片方の足でフッキングしてボールを獲得できるように、スクラムハーフがトンネルの横からボールを投入する。なお、フッキングとは、足でボールを掻き出すことをいい、主にフロントロー中央のフッカー（2番）が行う。

スクラムで押し合う場面は、ラグビーの象徴的プレーのひとつだ

基本知識

基本的な競技方法

反則とプレー再開方法

マッチオフィシャルのために

セブンズのルール

ジュニア（U-15）ラグビーのルール

スクラムとは……

- スクラムの目的は、軽度の反則あるいは競技の停止があった後、早く、安全に、公平に試合を再開すること
- スクラムは、フィールドオブプレー内において、互いにバインドして3列になった8人ずつのプレーヤーによって形成され、両チームのフロントローは頭を交互に組み合う。組み合うことによってトンネルが形成され、そこに、両チームのフロントローが左右どちらか片方の足でフッキングすることでボールを獲得するよう、スクラムハーフがボールを投入する
- 両チームのフロントローの間の空間をトンネルという
- トンネル内、両チームのフロントローの肩の接点で作られた線の真下の地面に想定される線をスクラムの中央線という

プレーヤーの位置とトンネル形成

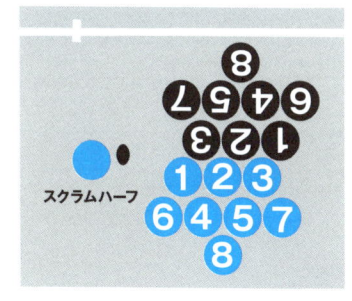

各チーム8人が参加する

スクラムは各チーム8人が3列になって形成する（3列を、それぞれフロントロー、セカンドロー、バックローという）。ボールを投入する側のチームのスクラムハーフがボールをトンネル内に投入する

双方1列目でトンネルを作る

スクラムを組む際は、両チームのフロントロー3人の間にトンネルを作り、そのトンネルにボール投入側チームのスクラムハーフがボールを投入することで、スクラムが開始される。なお、両チームのフロントローの肩の接点で作られる線の真下の地面に想定される線がスクラムの中央線で、スクラムハーフが立つ位置となる

スクラムの開始まで

スクラムが開始されるまでの正しい手順をしっかり覚えよう

　スクラムでは、両チームのフォワード8人が、崩れないようにしっかりバインドした状態で組む必要がある。そして、スクラムハーフが投入したボールをお互いが押しながら奪い合う。ここでは、スクラムが開始される方法を説明するので、正しい手順を覚えてほしい。

スクラムが開始されるまでの流れ

軽度の反則や競技の停止があった時、レフリーが笛を吹き、片足でスクラムが組まれる地点を示す

両チームはスクラムを組むために、レフリーが指示した地点に移動して、フォワード8人がバインドする。両チームのフロントローは、組み合うまで腕の長さ以内の間隔を空けておく

スクラムハーフがボールを投入できる状態になったら、レフリーの「クラウチ」という掛け声に従って、両チームのフロントローは、組み合った時に頭と肩が腰より低くならないように、腰を落とした姿勢をとる

次に、レフリーの「バインド」という掛け声に従って、フロントローの頭を交互になるように、両チームの1番と3番が相手とバインドする

静止したら、レフリーの「セット」という掛け声に従って両チームが組み合う。その後、すぐにスクラムハーフがボールを投入し、スクラムが開始される

「クラウチ」
フロントローは腰を落とし十分な姿勢を作る

「バインド」
プロップは必ず外側の腕でバインドする。1番は、相手の3番に対し、自分の左腕を相手の右腕の内側に入れ、相手のジャージの背中または脇をつかんでバインドする。3番は、右腕を相手の1番の左上腕の外側にして、相手1番とバインドする。3番は、相手の1番に対し、自分の右腕を相手の左上腕の外側に置き、相手のジャージの背中または脇を右手だけでつかむ。両プロップは、相手の胸、腕、袖、または、襟をつかんではならない

「セット」
レフリーが「セット」のコールをしたら、フロントローは組み合ってよい

基本知識

基本的な競技方法

反則と
プレー再開方法

マッチオフィシャル
のために

セブンズのルール

ジュニア（U-15）
ラグビーのルール

知っておきたい！ ルール豆知識

★ スクラムは、フィールドオブプレー内でのみ形成される。ただし、タッチラインから5メートル以内の場合、タッチラインから5メートルの地点で組む。また、スクラムが形成される時点でゴールラインから5メートル以上離れていなければならない

★ スクラムは両チーム8人で行うことを基本とする。ただし、何らかの理由で1チームの人数が15人より少なくなった時、参加人数を減らしてもよい（必ず同人数にする必要もない）。ただし、フロントロー3人を含めた最低5人が参加する必要がある

ボールの投入でスクラムが開始し スクラムからボールが出たら終了する

　正しくスクラムを行うためには、フロントロー3人とスクラムハーフの存在がカギとなる。ここでは、スクラムを組む際のバインディングと、スクラムの開始を意味するスクラムハーフのボールの投入、そしてスクラム終了までを紹介するので、しっかり覚えておこう。

スクラムでのバインディングとは……

● スクラムで、プレーヤーが味方にバインドする時は、手から肩までの腕全体を使い、味方プレーヤーの脇の高さの胴体か、その下の部分をつかむこと。味方の身体に手を置いているだけでは、バインディングとは見なされない

フロントロー3人のバインディング

スクラム開始から終了まで、継続して互いにバインドする。フッカーのバインドはプロップの腕の上からでも腕の下からでもよい。両プロップは、フッカー自身のどちらの足にも体重がまったくかからない状態にして支えてはならない。また、下方へ力をかけてもならない

その他5人のバインディング

フロントロー3人以外の5人は、スクラムが組まれる前に少なくとも一方の腕を味方のロック（4、5番）どちらかにバインドすること。ロックは、前にいるプロップ2人とバインドすること。なお、プロップ2人以外のプレーヤーは、相手側のプレーヤーをつかんではならない

基本知識

基本的な競技方法

反則と
プレー再開方法

マッチオフィシャル
のために

セブンズのルール

ジュニア（U-15）
ラグビーのルール

スクラムの開始から終了までの流れ

スクラムは、ボールを投入するスクラムハーフの手からボールが離れた時に開始される

▼

ボールがトンネル内の地面に触れた後、フッカーがフッキングして、ボールを獲得する。いずれのプレーヤーも、ボールがスクラムを出るまでは、手でボールを拾い上げることはできない

▼

スクラムは以下の時に終了する

・ボールがトンネル以外のところから出た時
・スクラムの中にあるボールがゴールラインに触れる、または越えてインゴールに入った時。その後はトライ、タッチダウン（P72～73）ができる
・スクラム最後尾のプレーヤーが、その足もとにボールがある状態でバインドを外し、ボールを拾い上げた時。なお、最後尾のプレーヤーとは、スクラムに参加しているプレーヤーの中で足が自陣のゴールラインに最も近いプレーヤーをいう

スクラムハーフのボール投入

ボールの投入姿勢

スクラムハーフはスクラムの中央線上で、スクラム時にレフリーが指定した地点から1メートル以上離れた場所に立つ（スクラムの左右どちらでも可）。ボールは、膝と足首の中間の高さで中央線上、ボールの軸が地面とタッチラインと平行にして両手で持つ。中央線に沿って、最も近いプロップの肩幅を越えた地点で、地面に触れるよう投入する。両チームのフロントローが組み合ったらすぐに投入すること

知っておきたい！ ルール豆知識

★ スクラムに投入されたボールが誰にも触れずにトンネルから出た時は、もう一度投入する

★ 両チームが崩れたり、頭が上方に抜けてしまったりしたら、レフリーはただちにスクラムを停止し、やり直しを命じる

同時にチェック スクラムに関連する反則については第3章（P82～89）で確認しよう

スクラムのホイール

90度以上回転した場合は
スクラムのホイールとなる

　スクラム開始後、スクラムの中央線がタッチラインと平行になる以上（90度以上）に回転した場合、スクラムのホイールとなり、レフリーはプレーを止め、スクラムのやり直しを命じる。スクラムが終了した地点で新しいスクラムを行うが、その際、前のスクラムでボールを保持していなかった側のボールでスクラムをやり直す。ただし、スクラムのホイールが起こった時、どちらのチームもボールを保持していなかった場合には、前のスクラムでボールを投入したチームが次のスクラムで再びボールを投入する。

スクラムが90度以上回転することをスクラムのホイールという

基本知識

基本的な競技方法

反則と
プレー再開方法

マッチオフィシャル
のために

セブンズのルール

ジュニア（U-15）
ラグビーのルール

知っておきたい！ ルール 豆知識

★ スクラムのホイールとは、スクラムの中央線がタッチラインと平行になる以上（90度以上）に回転したことをいう

★ スクラムのホイールが起こったら、その時点でボールを保持していなかった側のボールで、前のスクラムが終了した地点において新しいスクラムを行う

スクラムのホイールが起こるまで

スクラムハーフがトンネルにボールを投入し、スクラムが開始される

スクラムの中央線がタッチラインと平行になる以上（90度以上）に回転するとスクラムのホイールとなる

シグナル

スクラムのホイール（90度以上）

レフリーが頭上で指を回す。

ラインアウトの基本

ボールがタッチとなった後に
ラインアウトで試合を再開する

　試合中にボールがタッチとなった後、ラインアウトで試合を再開させることがある。ラインアウトとは、2列に並んだ両チームのプレーヤーの間に、タッチラインの外からラインオブタッチに沿ってボールを投入することをいう。スクラム同様、ラインアウトもラグビーの独自性を象徴するプレーのひとつであり、攻撃権の獲得のために重要なプレーとされる。まず、ここではラインアウトの基本を覚えるために、ラインアウトに関連する用語を紹介する。右ページを参照して、しっかりと頭に入れてほしい。

ラインアウトはラグビーの象徴的なプレーのひとつだ

基本知識

基本的な競技方法

反則とプレー再開方法

マッチオフィシャルのために

セブンズのルール

ジュニア（U-15）ラグビーのルール

ラインアウトに関連する用語

●**ラインオブタッチ（Line-of-touch）**
ラインアウトにおいて、ボールが投げ入れられる地点を通り、タッチラインと垂直なフィールドオブプレー内に想定された線

●**ラインアウトプレーヤー（Line-out players）**
ラインアウトに2列に並んでいるすべてのプレーヤー

●**レシーバー（Receiver）**
ラインアウトからボールがパス、あるいはノックバックされた時にそれを捕る位置にいるプレーヤー。どのプレーヤーもレシーバーになれるが、1回のラインアウトで各チーム1人のレシーバーしか置くことができない

●**ラインアウトに参加しているプレーヤー（Players taking part in the line-out）**
ラインアウトプレーヤーと2名のレシーバーに加え、ボールを投入するプレーヤーと、ボールを投入するプレーヤーの相手側のプレーヤー（図**Ⓐ**）を含める

●**その他すべてのプレーヤー（All other players）**
ラインアウトに参加していないプレーヤー。ラインアウト終了まで、ラインオブタッチから10メートル以上離れた位置か、自陣ゴールラインの後方にいなくてはならない

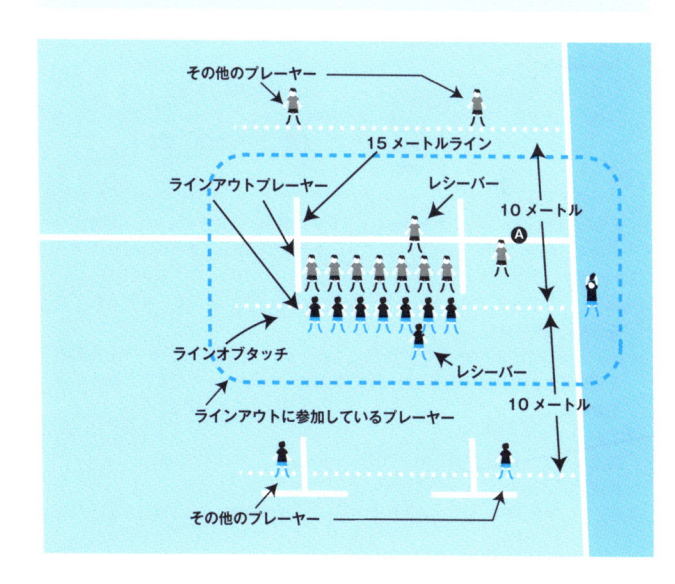

ラインアウトの形成に関する
ルールをしっかり覚えておこう

　　ここでは、ラインアウト形成の際における各プレーヤーのポジショニングを紹介する。右ページの図と下にあるルールをしっかり覚えておこう。また、その他に覚えておきたいルールも紹介するので、確認してほしい。

ラインアウト形成時のルール

● **ラインアウトプレーヤー**
ラインアウトプレーヤーは、5メートルラインと15メートルラインの間に、1列になって立たなければいけない

● **レシーバー**
レシーバーを用いる場合、そのプレーヤーは、ラインアウトが始まるまで、ラインアウトに参加している味方プレーヤーから少なくとも2メートル後で、かつ5メートルラインと15メートルラインの間に位置しなければならない

● **タッチと5メートルラインの間にいるプレーヤー**
ボールを投入しない側のチームのプレーヤーは、ラインアウトが形成される時、自チーム側のタッチラインと5メートルラインの間にプレーヤーを1人置かなければならない。このプレーヤーは、ラインオブタッチから2メートル離れ、5メートルラインから2メートル離れて立たなくてはならない

● **両チームのラインアウトプレーヤーは、タッチラインに垂直な、平行した2列を形成しなくてはならない**

● **両チームのラインアウトプレーヤーは、内側の肩と肩の間にはっきりとした間隔を空けておかなければならない。その間隔は、プレーヤーが直立した状態で決定される**

● **1メートルギャップ**
双方のラインアウトプレーヤーの列は、ラインオブタッチから50センチメートル離れていなければならない

● **ラインオブタッチは、ゴールラインから5メートル以内にあってはならない**

基本知識

基本的な競技方法

反則とプレー再開方法

マッチオフィシャルのために

セブンズのルール

ジュニア（U-15）ラグビーのルール

各プレーヤーのポジショニング

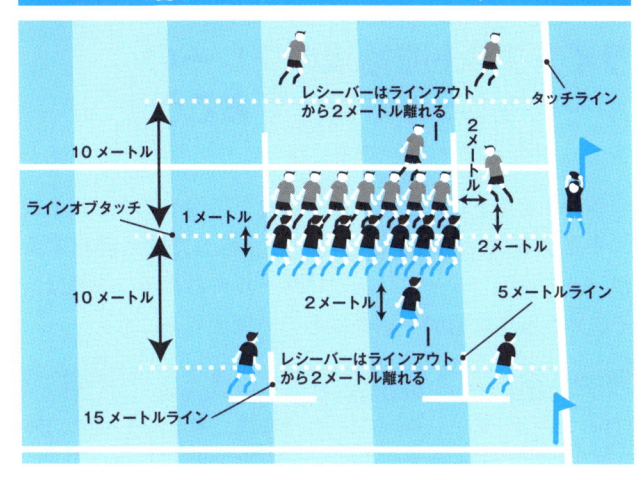

- レシーバーはラインアウトから2メートル離れる
- タッチライン
- 10メートル
- ラインオブタッチ
- 1メートル
- 2メートル
- 2メートル
- 10メートル
- 2メートル
- 5メートルライン
- レシーバーはラインアウトから2メートル離れる
- 15メートルライン

知っておきたい！ ルール 豆知識

★ ラインアウトに参加するプレーヤーは、ボールが投入される前に、位置を移動することができる

★ 少なくとも両チーム各2人のプレーヤーがラインアウトを形成しなくてはならない

★ ボールを投入する側が、ラインアウトに並ぶ最大の人数を決定する

★ ボールを投入しない側のチームのラインアウトプレーヤーの人数は、ボールを投入する側のラインアウトプレーヤーの人数以下でなくてはならない

★ タッチになった時、ラインオブタッチに近づくプレーヤーは、すべてラインアウトを形成するために近づくものとみなされる。一度ラインアウト内の位置につけば、終了するまで離れてはならない

★ ボールを投入する側が、違った人数で行う場合、相手側が人数を合わせるためにプレーヤーがラインアウトから離れるための時間を与えなければならない

同時にチェック ラインアウトに関連する反則については第3章（P90〜93）で確認しよう

第2章 15 ラインアウトの方法

ラインアウト開始後のプレーの ルールをしっかり覚えておこう

　ラインアウトは、ラインオブタッチに沿ってボールを投入するプレーヤーの手からボールが離れた時に開始するが、その後のプレーには細かいルールがある。ここでは、その中から主なものを紹介するので覚えておこう。

ラインアウト開始後の主なルール

相手のプレーヤーを
支えにしてはならない

相手のプレーヤーを捕らえ
たり押したりしてはならない

不正なチャージをしては
ならない

ボールの投げ入れを
妨げてはならない

プレグリッピング
することができる

ラインアウトプレーヤーを
リフティングすることができる

基本知識

基本的な競技方法

反則とプレー再開方法

マッチオフィシャルのために

セブンズのルール

ジュニア（U-15）ラグビーのルール

ボールを投げ入れるプレーヤー

ボールを投げ入れるプレーヤーは、ラインオブタッチに沿ってボールを投入した後、以下4つのいずれかを選択しなくてはならない
- タッチラインから5メートル以内にとどまる
- ラインオブタッチの後方10メートルのオフサイドラインの後方に退く（P112〜113）
- ボール投入後、直ちにそのラインアウトに加わる
- レシーバーの位置に動く。ただし、これは他のプレーヤーがレシーバーの位置にいない場合に限る

ピールオフとは……

ラインアウトで、味方のラインアウトプレーヤーによってボールがパスまたはノックバックされる時、ラインアウトに並んでいるプレーヤーがそのボールを受けようとしてラインアウトから離れることを、ピールオフという。ピールオフを行う時は、①ボールを投げ入れるプレーヤーの手からボールが離れるまでピールオフを始めてはならない、②ピールオフをするプレーヤーは、ラインアウトが終了するまでラインオブタッチとラインオブタッチから10メートルまでの間の区域内で動き続けなければならない。

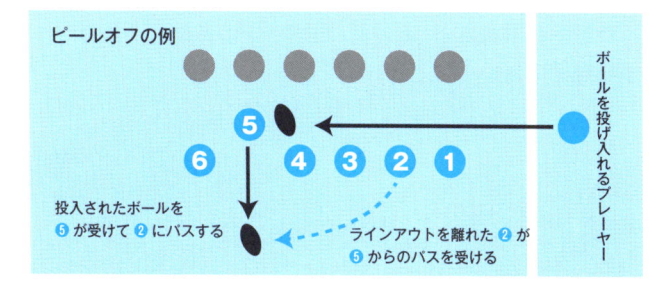

ピールオフの例

投入されたボールを **5** が受けて **2** にパスする

ラインアウトを離れた **2** が **5** からのパスを受ける

ボールを投げ入れるプレーヤー

ラインアウトの終了

ラインアウトはボールかボールキャリアがラインアウトを離れた時に終了する。また、以下の場合も終了する。①ボールがラインアウトからパス、ノックバック、キックされた時、②ボールかボールキャリアが5メートルラインとタッチラインの間の区域に移動した時、③ラインアウトプレーヤーが、ピールオフをするプレーヤーにボールを手渡した時、④ボールが15メートルラインを越えて投げ入れられた時、またはプレーヤーがボールを持って15メートルラインを越えた時、⑤ラインアウトにおいてラックまたはモールが形成され、ラックまたはモールに参加しているプレーヤーのすべての足がラインオブタッチを越えて移動した時、⑥ボールがラインアウト内でアンプレアブルになった時（この場合、スクラムによって再開する）。

クイックスローイン

ラインアウトの形成を待たずに
素早くボールを投げ入れる

　試合中、ボールがタッチに出た時、ボールを投げ入れるプレーヤーは、ラインアウトの形成を待たずに素早くボールを投げ入れることができる。このプレーを、クイックスローインという。クイックスローインでは、タッチに出たボールを投げ入れる本人が拾い、そのまま投げ入れる必要がある。また、投げ入れる場所については、タッチラインの外で、タッチに出た地点と投げ入れる側のチームのゴールラインの間になる。その他、右ページにあるルールをしっかり覚えておいてほしい。

ボールがタッチに出た時、素早く再開するためにクイックスローインを行うことがある

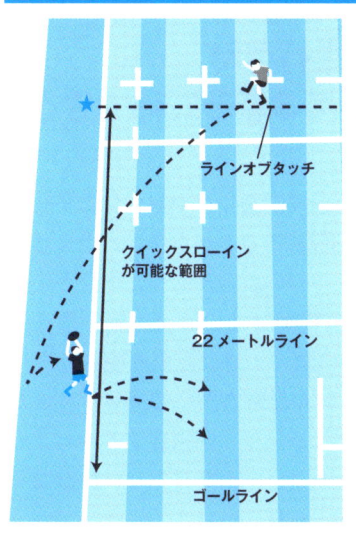

クイックスローインの際のボール投入場所

相手がキックしたボールが直接タッチに出た場面を例にすると、プレーヤーは、ラインアウトでボールが投入される地点（★）と、そのプレーヤー側のゴールラインとの間のフィールドオブプレーの外側からであれば、どこからでもボールを投げ入れることができる

ラインオブタッチ

クイックスローイン
が可能な範囲

22メートルライン

ゴールライン

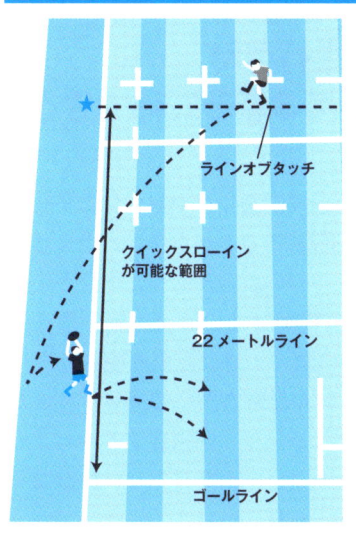

知っておきたい！ ルール豆知識

★ プレーヤーは、ラインアウト形成後にクイックスローインをすることはできない

★ クイックスローインでは、タッチに出たボールを使わなくてはならない

★ ボールを投入するプレーヤーは、相手側のゴールラインの方へボールを投げてはいけない。ラインオブタッチに沿って平行または自陣ゴールラインの方向に限る

★ ボールが5メートルラインに届く前に地面またはプレーヤーに触れてはいけない

★ いずれのプレーヤーも、ボールが5メートル投げ入れられることを妨げてはならない

基本知識

基本的な競技方法

反則とプレー再開方法

マッチオフィシャルのために

セブンズのルール

ジュニア（U-15）ラグビーのルール

ペナルティキック

ペナルティキックを行う時 直接ゴールを狙って3点を獲得できる

　試合中に反則が起きた時、反則をしなかった側のチームにペナルティキックが与えられることがある。たとえば、オフサイドや危険なタックル等の反則があった場合がこれにあてはまる（反則と試合再開方法の詳細は第3章を参照）。ペナルティキックで再開する時、反則を犯したチームはその地点より10メートル自陣方向に後退し、ペナルティキックを与えられた側はレフリーが指定する地点、もしくはその後方の線上からキックで再開したり、直接ゴールを狙うことができる（ペナルティゴール）。

試合中、ペナルティキックで直接ゴールが決まると3点を獲得できる

知っておきたい！ ルール 豆知識

★ 直接ゴールを狙い、入れば3点を獲得できる

★ 直接タッチに蹴り出す場合、パントキックかドロップキックで行う。蹴り出された後は、ボールがタッチを出た地点からキッカー側のラインアウトで再開する

★ 相手側は、直ちにキック地点から10メートル以上後退する。自陣ゴールラインがキック地点から10メートル以内の場合は、ゴールラインまで後退する。キックが行われ、キッカー側がそのボールをプレーしても、10メートル後方まで後退するまでプレーに参加してはならない

★ 相手側はペナルティキックが行われるのを遅らせたり、キッカーを妨害したりするような行為を行ってはならない

★ キックは、反則をしなかった側のどのプレーヤーが行ってもよく、パントキック、ドロップキック、プレースキックのいずれでもよい。また、かかとと膝を除き、膝下から足先までのどの部分でボールをキックしてもよい ※

★ スクラムへ変更できる。また、ラインアウトでペナルティキックを与えられた時はラインアウトへ変更できる ※

★ プレーサーを除き、キッカー側のプレーヤーはキックされるまでボールの後方にいなくてはならない ※

※印の項目は次ページ「フリーキック」にも共通

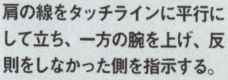

ペナルティキック
肩の線をタッチラインに平行にして立ち、一方の腕を上げ、反則をしなかった側を指示する。

基本知識

基本的な競技方法

反則とプレー再開方法

マッチオフィシャルのために

セブンズのルール

ジュニア（U-15）ラグビーのルール

フリーキックでは、タッチに蹴り出しても地域獲得を得られない

　試合中、スクラムやラインアウトでのボール投入時に反則があった場合、反則をしなかった側のチームにフリーキックが与えられることがある（反則と試合再開方法の詳細は第3章を参照）。フリーキックとペナルティキックの大きな違いとしては、フリーキックはタッチに蹴り出しても地域獲得を得られないという点、直接ゴールを狙えないという点等が挙げられる。従って、下の写真のようにタップキックという方法でプレーを再開することが多い。その他、右ページを参照して覚えてほしい。

フリーキックでは、写真のようにタップキックで再開することが多い

知っておきたい！ルール豆知識

★ フリーキックでは直接ゴールを狙えない

★ フリーキックで再開した後は、ボールがデッドになるか、相手側プレーヤーがボールをプレーするか、相手側プレーヤーによるボールキャリアへのタックルが成立するまでは、ドロップゴールによって得点することはできない

★ フリーキックの際、相手側はキック地点から10メートル以上、または味方ゴールラインがキック地点から10メートル以内の場合は、ゴールラインまで後退しなければならない。フリーキックが防御側のインゴールで行われる場合は、キック地点から10メートル以上後方、かつゴールラインから5メートル以上離れた地点にいなければならない

★ キックが行われ、キッカー側がそのボールをプレーしても、その地点まで後退するまではプレーに参加してはならない

★ 後退すべき地点まで後退した後は、キックを阻止するためにチャージしてよい。キッカーがキックをしようとしたら、チャージを開始できる

★ プレーヤーがチャージに出てキックを阻止した場合、そのキックは無効となり、キック地点でスクラムを組んで再開する。その際、阻止した側がボールを投入する

シグナル

フリーキック
肩の線をタッチラインに平行にして立ち、肘を直角に曲げ、反則をしなかった側を指示する。

基本知識

基本的な競技方法

反則とプレー再開方法

マッチオフィシャルのために

セブンズのルール

ジュニア（U-15）ラグビーのルール

ボールをタッチに蹴り出す

ボールをタッチに蹴り出した後の様々なプレー再開方法を覚えよう

　試合中、タッチラインの外にボールを蹴り出すことがある。防御側チームが地域獲得を図る際によく使われるプレーだが、キックした場所やそれに至るまでの経緯、またはボールの落下地点等によって、次にプレーを再開する地点が変わるので、右ページにある様々なケースを覚えておこう。そのためにも、まずは下にある用語とその意味を理解しておいてほしい。

知っておきたい！ ルール 豆知識

★ 「キックが直接タッチになる」とは、キックされたボールがプレーヤー、レフリー、フィールドオブプレー内の地面に触れることなく、タッチになることをいう

★ 「22メートル区域」とは、22メートルラインとゴールラインの間の区域をいう。ただし、ゴールラインは区域に入らない（P13）

Check Point! ルールの変遷から理解を深めよう

　古くからタッチに蹴り出すことは当然のプレーとして認められていたが、それにより試合が中断するため、これまで度々ルールが変更されてきた。日本では1966年に「自陣25ヤードライン（現在の22メートルライン）より相手ゴールライン側の地域にお

いて直接タッチに蹴り出すと、キックした地点からプレーが再開される」ことになり、1970年にこれが国際的に採用された。その後、ボールキャリアが自ら自陣22mラインに戻って直接タッチに蹴り出す行為もその対象となり、現在に至っている。

※参考資料；日比野弘の日本ラグビー全史（ベースボールマガジン社）、慶應義塾体育会蹴球部百年史（慶應義塾大学出版会）

基本知識

基本的な競技方法

反則とプレー再開方法

マッチオフィシャルのために

セブンズのルール

ジュニア（U-15）ラグビーのルール

地域を獲得できるケースとできないケース

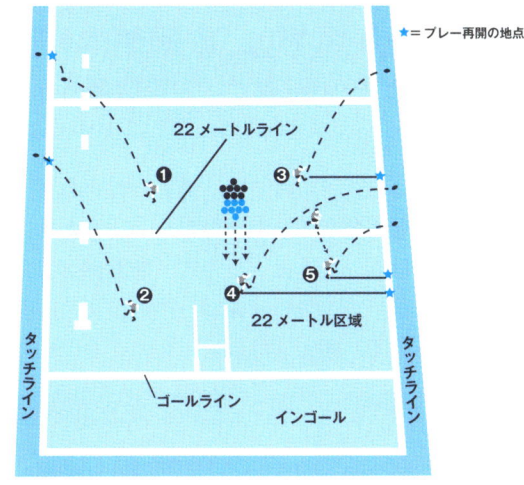

★＝プレー再開の地点

22メートルライン

22メートル区域

タッチライン

ゴールライン

インゴール

タッチライン

●地域を獲得できるケース

❶通常のプレー中にキックしたボールが、一度フィールドオブプレー内の地面に落下してからタッチとなった場合、ボールがタッチになった地点から相手側ボールのラインアウトで再開する

❷通常のプレー中に22メートル区域内、またはインゴール内からキックしたボールが直接タッチとなった場合、ボールがタッチとなった地点から相手側ボールのラインアウトで再開する

●地域を獲得できないケース

❸通常のプレー中に22メートル区域よりも前方（インゴールおよび22メートル区域以外）でキックしたボールが直接タッチとなった場合、キックした地点からゴールラインに平行線上のタッチラインの地点において、相手側ボールのラインアウトで再開する

❹22メートル区域よりも前方で行われたスクラム（またはラインアウト）で、相手にボールが触れることなく22メートル区域に押された後、防御側チームがキックしたボールが直接タッチとなった場合、キックした地点からゴールラインに平行線上のタッチラインの地点において、相手側ボールのラインアウトで再開する

❺22メートル区域よりも前方でボールを持ったプレーヤーが22メートル区域内の味方にパスし、パスを受けたプレーヤーがキックしたボールが直接タッチとなった場合、キックした地点からゴールラインに平行線上のタッチラインの地点において、相手側ボールのラインアウトで再開する（自らボールを持って22メートル区域内に入ってからキックしたボールが直接タッチとなった場合も同様）

インゴール内での
プレー

インゴール内では、攻撃側はトライ、防御側はタッチダウンできる

　インゴール（P13）内では、両チームともグラウンディングすることができる。グラウンディングとは、下にある方法で、攻撃側が行えばトライに、防御側が行えばタッチダウンとなる。ここでは、インゴール内における主なプレーを紹介するので、覚えてほしい。

グラウンディングの方法

ボールを持って地面につける
ボールを抱え、インゴール内で地面につける。ボールを抱えるとは、手または腕でボールを持っている状態を指す。グラウンディングする際、下方に押しつける必要はない

ボールを押さえる
インゴール内で地上にボールがある時、そのボールを手、腕、あるいは首から腰の間の上半身で押さえる

攻撃側のグラウンディング（トライ）のケース

　攻撃側のプレーヤーが相手側インゴールで最初にボールをグラウンディングした場合、トライとなる。その際、そのプレーヤーがタッチインゴールラインやデッドボールラインに接触、または越えていた場合は、22メートルライン地点でのドロップアウト（P74〜75）が防御側に与えられる。なお、ボールまたはボールキャリアがフラッグまたはフラッグ（コーナー）ポストに触れた場合でも、タッチインゴールラインやデッドボールラインに触れないでグラウンディングすればトライとなる。

ゴールライン上へのグラウンディング
ゴールラインはインゴールに含まれるため、攻撃側プレーヤーが最初に相手側ゴールライン上にグラウンディングしたらトライとなる

ゴールポストへのグラウンディング
ゴールポストと、ゴールポストに巻かれているパッドはインゴールに含まれるため、攻撃側プレーヤーが最初にゴールポストまたはパッドと地面に同時にグラウンディングしたらトライとなる

プッシュオーバートライ
スクラムあるいはラックがインゴールに押し込まれ、ボールがゴールラインに触れるかまたは越えた時、攻撃側プレーヤーがボールをグラウンディングしたらトライとなる

惰性によるトライとゴールライン近辺でタックルされた場合
攻撃側ボールキャリアがゴールライン手前でタックルされても、倒れたまま惰性により、止まらずに相手側インゴールに入り、最初にグラウンディングした場合はトライとなる。また、ボールキャリアがゴールライン近くでタックルされた後、直ちに手を伸ばしゴールライン上もしくは越えてグラウンディングした場合もトライとなる。ただし、その動作はただちに行わなければならない

タッチまたはタッチインゴールにいるプレーヤー
攻撃側プレーヤーがタッチまたはタッチインゴールにいても、相手側インゴールにあるボールをグラウンディングしたらトライとなる（自分がボールを持っていた場合を除く）

防御側プレーヤーによるグラウンディング

　防御側プレーヤーが味方のインゴールで最初にボールをグラウンディングした場合、タッチダウンとなり、ドロップアウトで再開する。防御側が自陣インゴール内に持ち込んだボールをタッチダウンした場合、タッチダウン地点から最短のゴールラインから5メートルの地点で攻撃側がボールを投入するスクラムで再開する（5メートルスクラム）。

21 ドロップアウト

インゴール内でタッチダウンした時
防御側のドロップアウトで再開する

攻撃側チームがキックしたボールを、防御側チームのプレーヤーが自陣インゴール内でグラウンディング（タッチダウン）した場合、防御側チームのドロップアウトで試合を再開する。ドロップアウトとは、防御側がドロップキックで試合を再開することで、22メートルライン上またはその後方の任意の地点で行う。また、攻撃側が相手インゴール内にボールを持ち込み、ボールがタッチインゴールに出た場合やデッドボールラインを越えた場合も（ライン上の場合も）、ドロップキックで試合を再開できる。

22メートルライン上もしくはその後方から任意の地点でドロップキックを行う

基本知識

基本的な競技方法

反則とプレー再開方法

マッチオフィシャルのために

セブンズのルール

ジュニア（U-15）ラグビーのルール

ドロップアウトとは……

● ドロップアウトは、防御側がドロップキックで試合を再開することをいい、22メートルライン上またはその後方の任意の地点から行う
● ドロップアウトは、攻撃側が反則をしないでボールをインゴールに持ち込み、防御側がボールをそこでデッドにするか、ボールがタッチインゴールに出るか、デッドボールライン上またはデッドボールラインを越えた場合に、試合を再開するために行われる

ドロップアウト時の両チームのプレーヤーの位置

22メートルライン

相手側（元々の攻撃側チーム）
相手側プレーヤーは、ボールがキックされる前に22メートルラインを越えてチャージしてはならない

キッカー側（元々の防御側チーム）
キッカー側プレーヤーは、キッカー以外はすべてボールの後方にいなくてはならない

知っておきたい！ ルール豆知識

★ キックが正しく行われなかった場合、相手側は再びドロップアウトを行わせるか、22メートルライン中央でスクラムを選択できる

★ キックしたボールは、22メートルラインを越えなければならない。越えなかった場合、上記同様に相手側が再開方法を選択する

★ キックしたボールはフィールドオブプレーに着地しなければならない。ボールが直接タッチになった場合、相手側は再びドロップアウトを行わせるか、22メートルライン中央でスクラムを行うか、キックを認めて22メートルライン上でラインアウトを選択できる

★ ドロップアウトのボールがそのまま相手側のインゴールに入った場合、相手側はボールをグラウンディングするか、ボールをデッドにするか、そのままプレーを続行する

★ ペナルティゴール、ドロップゴールの不成功の場合を除き、相手側インゴールへキックしたボールがタッチインゴールかデッドボールラインを越えた場合、防御側はドロップアウトを、またはキックした地点でボールを投入するスクラムを選択できる

時代とともに変化を繰り返す
ラグビーのルールとその目的

　ラグビーには、時代の変化とともにルール変更を重ねてきたという歴史がある。たとえば、当初トライはトライ後のコンバージョン（ゴールキック）の権利を得るためのもので、トライ自体に点数は与えられなかった。しかしその後、トライすることが重視されるようになって3点が与えられるようになると、以降、4点、そして現在の5点と、時代の変化に伴って高い得点を得られるように変化している。その他にも、スクラムを形成する時のレフリーの掛け声については、2011年のワールドカップでは4段階（クラウチ、タッチ、ポーズ、エンゲージ）だったが、現在は3段階（クラウチ、バインド、セット）に変化するなど、細かい部分においてもいくつかのルール改正が行われている。これらは、すべてプレーヤーの安全性を高めること、あるいは観客が見て楽しめるように試合展開のスピード化を目的として、改正が行われている。その観点からすれば、プロ化が進む現代ラグビーでは、今後もルール改正が繰り返されるはずだ。

反則と
プレー再開方法

ボールを落とし、ボールが前方に進んだら、ノックオンとなる

　試合中、プレーヤーがボールを落とし、ボールが前方へ進んだ時、ノックオンの反則となる。また、プレーヤーが手や腕でボールを前方へ叩いたり、ボールがプレーヤーの手や腕にあたってボールが前方へ進んだり、そのプレーヤーがボールを捕り直す前にボールが地面や他のプレーヤーに触れた場合も、ノックオンとなる。なお、ここでいう「前方へ」とは、相手側のデッドボールラインの方向へ、という意味になる。ラグビーにおける基本的なミスのひとつなので、しっかり覚えておこう。

味方からのパスをキャッチしようとする

ボールを前方に落とすとノックオンとなる

知っておきたい！ ルール 豆知識

★ ノックオンの反則を犯したら、その地点で反則しなかった側がボールを投入するスクラムで再開する

★ ラインアウトでノックオンをした場合、タッチラインから15メートルの地点で、反則しなかった側がボールを投入するスクラムにより再開する

★ フィールドオブプレーにおいてノックオンし、そのボールが相手側インゴールに入ってデッドになった場合、ノックオンが起こった地点で、反則しなかった側がボールを投入するスクラムにより再開する

★ インゴールでノックオンした場合、その地点から最短のゴールラインから5メートルの地点で、反則しなかった側がボールを投入するスクラムにより再開する（タッチラインから5メートル以内では組まない）

★ ノックオンによりボールがタッチに出た場合、タッチに出た地点から反則しなかった側のラインアウトで再開する（クイックスローインを行うこともできる）。またはノックオンが起きた地点で反則しなかった側がボールを投入するスクラムで再開する

★ 故意にノックオンした場合は、反則しなかった側にペナルティキックが与えられる

★ プレーヤーが相手のキックを阻止した時、手や腕に当たってボールが前に進んでもノックオンにはならない（チャージダウン）

★ プレーヤーが相手側のプレーヤーからボールをもぎ取ったりノックしたりして、ボールがその相手側プレーヤーの手または腕から前方に転がった場合はノックオンではない

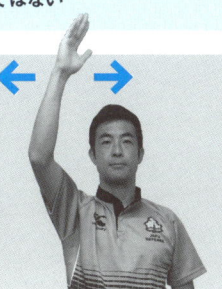

シグナル

ノックオン
レフリーが手のひらを広げ、頭上で腕を前後に振る。

スローフォワード

前方にボールを投げた場合はスローフォワードとなる

　第2章「パス」のページ（P39）で紹介したように、ラグビーでは、ボールを前方に投げることはできない。もしプレーヤーが前方へボールを投げるかパスした場合は、スローフォワードの反則となる。なお、ここでいう「前方へ」とは、相手側のデッドボールラインの方向へ、という意味になる。また、自分から見て真横へのパスはスローフォワードにはならない。ボールを前方に投げたのではなく、プレーヤーまたは地面に当たった後に、ボールが前方にバウンドしてもスローフォワードにはならない。

自分よりも相手側デッドボールライン方向へボールを投げるとスローフォワードとなる

基本知識

基本的な競技方法

反則と
プレー再開方法

マッチオフィシャル
のために

セブンズのルール

ジュニア（U-15）
ラグビーのルール

知っておきたい！ ルール豆知識

★ スローフォワードの反則を犯したら、その地点で反則しなかった側がボールを投入するスクラムにより再開する

★ ラインアウトにおいてスローフォワードをした場合、タッチラインから15メートルの地点で、反則をしなかった側がボールを投入するスクラムにより再開する

★ 攻撃側のプレーヤーがフィールドオブプレーにおいてスローフォワードし、そのボールが相手側インゴールに入ってデッドになった場合、スローフォワードが起こった地点で、反則しなかった側がボールを投入するスクラムにより再開する

★ インゴールでスローフォワードした場合、その地点から最短のゴールラインから5メートルの地点で、反則しなかった側がボールを投入するスクラムにより再開する（タッチラインから5メートル以内では組まない）

★ スローフォワードによりボールがタッチに出た場合、タッチに出た地点から反則をしなかった側のボールでラインアウト（クイックスローインを行うこともできる）、あるいはスローフォワードが起きた地点で反則しなかった側がボールを投入するスクラムで再開する

★ 故意にスローフォワードした場合は、反則しなかった側にペナルティキックが与えられる

シグナル

スローフォワード
レフリーが、ボールを前方にパスするようなジェスチャーをする。

 03 不正なスクラム形成

スクラムの際、早いタイミングでエンゲージすると反則となる

　スクラムを組む時、陸上の短距離走におけるフライングのように、早いタイミングでエンゲージ（相手側と組み合う）してしまうと反則となる。反則を犯すと、反則しなかった側にフリーキックが与えられるので注意してほしい。スクラムでは、自分たちが優位に立ちたいがために、相手より早くエンゲージしたいという心理がフロントローに働いてしまうことで、レフリーの「セット」という掛け声のタイミングを先読みしてしまうことがある。それによって、不正なスクラム形成が起こってしまうのだ。

不正なスクラム形成をすると、反則しなかった側のフリーキックで試合を再開する

基本知識

基本的な競技方法

反則と
プレー再開方法

マッチオフィシャル
のために

セブンズのルール

ジュニア（U-15）
ラグビーのルール

知っておきたい！ ルール豆知識

★ レフリーが「セット」というコールをする前にフロントローが前に動くと、反則となる

★ 不正なスクラム形成をすると、その地点で反則しなかった側のフリーキックで試合を再開する

早いタイミングでのエンゲージが起こるまで

「バインド」
レフリーの「バインド」の掛け声で、相手側とバインドする

「セット」の掛け声の前に動き始めた
レフリーの「セット」の掛け声よりも早いタイミングで写真右側のチームがエンゲージした

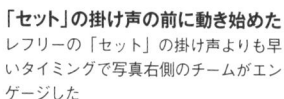

早いエンゲージにより反則となる
写真右側のチームが早いタイミングでエンゲージをしてしまったため、反則となってしまった

04 ボール投入の遅延

「セット」の掛け声の後、直ちに
ボールを投入しないと反則となる

　スクラムを組む時、スクラムハーフがボールを投入できる状態にもかかわらず、ボールを投入しないでいると反則となる。ボール投入の遅延をしてしまうと、その地点で反則しなかった側のフリーキックで試合を再開する。ラグビーの競技規則の中には「スクラムハーフは、双方のフロントローが組み合うとすぐにボールを投入しなければならない。レフリーがボールを投入するよう命じた時は、直ちに最初に選んだ側から投入しなければならない」とある。特にスクラムハーフは、覚えておいてほしい。

ボール投入の遅延をすると、反則しなかった側のフリーキックで試合を再開する

基本知識

基本的な競技方法

反則とプレー再開方法

マッチオフィシャルのために

セブンズのルール

ジュニア（U-15）ラグビーのルール

知っておきたい！ ルール 豆知識

★ ボール投入の遅延とは、両チームのフロントローが、まっすぐ、安定して、動かない状態で組み合ったにもかかわらず、スクラムハーフがすぐにボールを投入しなかったことをいう

★ ボール投入の遅延をしてしまうと、その地点で反則しなかった側のフリーキックで試合を再開する

ボール投入の遅延が起こるまで

「バインド」
レフリーの「バインド」の掛け声で、相手側とバインドする

「セット」
レフリーの「セット」の掛け声で、両チームが組み合う

「セット」の後のボール投入の遅延
「セット」の掛け声がかかって両チームが、まっすぐ、安定して、動かない状態で組み合ったにもかかわらず、スクラムハーフがなかなかボールを投入しないでいると反則となる

スクラムを故意に崩してしまうと
コラプシングの反則となる

　スクラムを組む時、故意にスクラムを崩すと、コラプシングの反則となる。コラプシングの反則を犯すと、その地点で反則しなかった側のペナルティキックで試合を再開する。ラグビーの競技規則の中には「故意にスクラムを崩してはならない。故意に倒れたり、地面に膝をついたりしてはならない。これらは危険なプレーである」とある。ただし、実際に故意かどうかにかかわらず、スクラムを崩すことにつながる行為（動き）があればコラプシングとなってしまうことを覚えておこう。

スクラムの際、相手を引き倒してしまうとコラプシングの反則となる

基本知識

基本的な競技方法

反則と
プレー再開方法

マッチオフィシャル
のために

セブンズのルール

ジュニア（U-15）
ラグビーのルール

知っておきたい！ ルール豆知識

★ コラプシングとは、スクラムを崩すことにつながる行為があったことをいう（モールやラックにも共通する）

★ コラプシングの反則を犯すと、その地点で反則をしなかった側のペナルティキックで試合を再開する

コラプシングの例

頭を突き上げる
フロントローが頭を突き上げてスクラムを崩してしまうと、コラプシングとなる

膝を地面につく
地面に膝をつくことでスクラムを崩してしまうと、コラプシングとなる

Check Point! フットアップの反則も覚えておこう

フッカーは、両足を地面につけ、少なくとも片方の足にしっかりと自分の体重を乗せなければならない。そして、フッカーの前方の足が、味方両プロップの前の足より前方にあるとフットアップの反則となり、反則しなかった側のフリーキックで試合を再開する。

06 不十分なバインド

スクラムが開始したら、終了まで
しっかりバインディングを続ける

　スクラムに参加する両チーム各8人の計16人は、スクラムの開始から終了までの間、終始しっかりとバインディングを続けていなければならない。もしいずれかのプレーヤーがバインディングを外したりして不十分な状態となった場合は、不十分なバインドと見なされ、反則となる。反則を犯すと、その地点で反則しなかった側のペナルティキックで試合を再開する。なお、ここでいうバインディングとは、相手側チームとのバインディングだけでなく、味方同士のバインディングも含まれている（P54）。

不十分なバインドは反則となり、反則しなかった側のペナルティキックで再開する

基本知識

基本的な競技方法

反則と
プレー再開方法

マッチオフィシャル
のために

セブンスのルール

ジュニア（U-15）
ラグビーのルール

知っておきたい！ ルール 豆知識

★ スクラム開始後から終了までの間に、バインドをし続けないと反則となる

★ 不十分なバインドをすると、その地点で反則しなかった側のペナルティキックで試合を再開する

不十分なバインドの例

相手側との不十分なバインド

相手フロントローと正しいバインドをしないと反則となる（P53）

味方との不十分なバインド

右手前のプレーヤーのように、味方同士でも不十分なバインドをすると反則となる

シグナル

不十分なバインド
バインドをしているように一方の腕を伸ばし、もう一方の手を腕に沿って上下させる。

ノットストレート

ラインアウトで投げ入れるボールは真っ直ぐでなければならない

　ラインアウトの際、ボールを投入するプレーヤーはラインオブタッチ上、真っ直ぐにボールを投入しなければならない。投げたボールが真っ直ぐでなかった場合、ノットストレートの反則となる。ノットストレートの反則を犯すと、反則しなかった側がボールを投入するラインアウトで再開する。これはスクラムにおけるボール投入も同様で、スクラムの中央線上、真っ直ぐボールが投入されなかった場合はスクラムにおけるノットストレートとなり、反則しなかった側がボールを投入するスクラムで再開する。

ラインオブタッチ上、真っ直ぐにボールを投入しないとノットストレートの反則となる

基本知識

基本的な競技方法

反則とプレー再開方法

マッチオフィシャルのために

セブンズのルール

ジュニア（U-15）ラグビーのルール

知っておきたい！ ルール豆知識

★ ノットストレートとは、ラインアウトで投入されたボールが、ラインオブタッチ上、真っ直ぐに投げ入れられなかったことをいう

★ ノットストレートの反則を犯すと、反則しなかった側のボールのラインアウトで（もしくは15メートル地点でのスクラムも選択可）再開する。なおスクラム時はスクラムで再開する。

ノットストレートが起こるまで

ラインアウトの際、ラインオブタッチを挟んで2列になった両チームのラインアウトプレーヤーの間を目がけてボールを投入する

投げ入れられたボールがラインオブタッチ上、真っ直ぐでない場合、ノットストレートの反則となる

シグナル

ラインアウトにおけるノットストレート

肩の線をタッチラインに平行にして立ち、一方の腕を頭の上にし、真っ直ぐ投げ入れなかったようなジェスチャーをする。

すべてのラインアウトプレーヤーは ラインオブタッチから50cm離れて立つ

　ラインアウトの際、両チームのラインアウトプレーヤーは、お互いラインオブタッチから50センチメートル離れて立たなければならない。つまり、両チームのラインアウトプレーヤーの間隔は、ラインオブタッチを中心に1メートル離れている必要がある。もしボールが投入される時、いずれかのプレーヤーがこの正しい距離をとらなかった場合、ノット1メートルの反則となる。ノット1メートルの反則を犯すと、15メートルライン上で、反則しなかった側のフリーキックで試合を再開する。

ラインアウトプレーヤーは、ラインオブタッチから50cm離れて立たなければならない

基本知識

基本的な競技方法

反則とプレー再開方法

マッチオフィシャルのために

セブンズのルール

ジュニア（U-15）ラグビーのルール

知っておきたい！ ルール豆知識

★ ノット1メートルとは、ラインアウトでボールが投入された時、ラインオブタッチから50センチメートル離れていない地点に立っていたことをいう

★ ノット1メートルの反則を犯すと、15メートルライン上で、反則しなかった側のフリーキックで試合を再開する

ノット1メートルが起こるまで

ラインアウトの際、両チームのラインアウトプレーヤーが列になってボールを待ち構える

写真左側チームのラインアウトプレーヤーがラインオブタッチから50cm離れていなかったため、ノット1メートルの反則となる

シグナル

立つ間隔が不十分な場合（ノット1メートル）

両手を目の高さに上げ、手のひらを内向きに合わせる。

第3章 タックル時の反則①
09 ノットリリースザボール

タックルされたプレーヤーはすぐにボールをプレーできるようにする

　タックルが成立した時、タックルされたプレーヤーはすぐにボールを放さないと、ノットリリースザボールの反則となる。ノットリリースザボールの反則を犯すと、その地点で反則しなかった側のペナルティキックで試合を再開する。競技規則の中には「タックルされたプレーヤーは直ちにボールをパスするか、ボールを放さなければならない。さらにそのプレーヤーは直ちに立ち上がるか、ボールから離れなければならない」とある。ただし、いずれかの方向にボールを素早く置いてから手放すことは認められる。

↑
反則のプレーヤー

タックルされた後、ボールを放さないでいるとノットリリースザボールの反則となる

基本知識

基本的な競技方法

反則と
プレー再開方法

マッチオフィシャル
のために

セブンズのルール

ジュニア（U-15）
ラグビーのルール

知っておきたい！ ルール豆知識

★ ノットリリースザボールとは、タックル成立後、タックルされたプレーヤーがすぐにボールを放さなかったことをいう

★ ノットリリースザボールの反則を犯すと、その地点で反則しなかった側のペナルティキックで試合を再開する

ノットリリースザボールが起こるまで

ボールキャリアに対して、相手側のプレーヤーがタックルした

タックル成立後、タックルされたプレーヤーがボールを放さないでいるとノットリリースザボールの反則となる

シグナル

ノットリリースザボール
両手を胸に近づけ、ボールを抱えるようなジェスチャーをする。

タックラーは、タックルが成立したら すぐにバインドを止めなければならない

　タックル成立後、タックラーがタックルされたプレーヤーからすぐに離れず、バインディングしたままでいると、タックル時のホールディングの反則となる。ホールディングの反則を犯すと、その地点で反則しなかった側のペナルティキックで試合を再開する。競技規則には「プレーヤーが相手側プレーヤーをタックルして、双方が地面に倒れた時、タックラーは直ちにタックルされたプレーヤーを放さなければならない」とある。タックル後に相手をバインドしたままでいると反則となるので、注意してほしい。

反則のプレーヤー

タックラーは、タックル成立後に相手をバインドしたままでいると反則となる

基本知識

基本的な競技方法

反則と
プレー再開方法

マッチオフィシャル
のために

セブンズのルール

ジュニア（U-15）
ラグビーのルール

知っておきたい！ ルール 豆知識

★ タックル時のホールディングとは、タックル成立後、タックラーが
タックルされたプレーヤーをすぐに放さなかったことをいう

★ タックル時のホールディングの反則を犯すと、その地点で反則しな
かった側のペナルティキックで試合を再開する

タックル時のホールディングが起こるまで

ボールキャリアに対して、相手側プレー
ヤーがタックルをした

タックル成立後、タックラーが、タック
ルされたプレーヤーをバインドし続けると
ホールディングの反則となる

シグナル

タックラーがタックル
されたプレーヤーを
放さない
（タックル時の
　ホールディング）

腕で相手をつかんだ後に放す動作
をする。

97

タックラーは、タックルされた プレーヤーとボールからすぐに離れる

　タックル成立後、タックラーがタックルされたプレーヤーとボールからすぐに離れなかった場合、ノットロールアウェイの反則となる。ノットロールアウェイの反則を犯すと、その地点で反則しなかった側のペナルティキックで試合を再開する。これはタックルされたプレーヤーも同様で、すぐにタックラーから離れないとノットロールアウェイの反則となる。また、タックル成立後、タックラーが立ち上がらないままボールをプレーした場合も反則とされ、相手のペナルティキックとなるので覚えておこう。

反則のプレーヤー

タックル成立後、ボールからすぐに離れないとノットロールアウェイの反則となる

基本知識

基本的な競技方法

反則と
プレー再開方法

マッチオフィシャル
のために

セブンズのルール

ジュニア（U-15）
ラグビーのルール

知っておきたい！ ルール 豆知識

★ ノットロールアウェイとは、タックル成立後、タックラーがタックルされたプレーヤーとボールからすぐに離れなかったことをいう（タックルされたプレーヤーも同様）

★ ノットロールアウェイの反則を犯すと、その地点で反則しなかった側のペナルティキックで試合を再開する

ノットロールアウェイが起こるまで

ボールキャリアに対して、相手側プレーヤーがタックルした

タックル成立後、タックラーがタックルされたプレーヤーからすぐに離れないとノットロールアウェイの反則となる

シグナル

ノットロールアウェイ
レフリーが腕と指を回す。

99

12 オーバーザトップ

地面に倒れ込んで、ボールをプレーするのを妨害してはならない

タックル成立後、プレーヤーが地面に倒れ込んで相手がボールに対してプレーすることを妨げると、オーバーザトップの反則となる。オーバーザトップの反則を犯すと、その地点で反則しなかった側のペナルティキックで試合を再開する。競技規則には「いずれのプレーヤーも、ボールをはさんで、あるいはボールに近接して地上に横たわっている2人以上のプレーヤーの上に、または越えて倒れ込んではならない」とある。ラグビーは立ってプレーすることを基本とすることも含めて、覚えておいてほしい。

反則のプレーヤー

地面に倒れ込んで相手がボールに対してプレーすることを妨げると反則となる

基本知識

基本的な競技方法

反則と
プレー再開方法

マッチオフィシャル
のために

セブンズのルール

ジュニア（U-15）
ラグビーのルール

知っておきたい！ ルール豆知識

★ オーバーザトップとは、プレーヤーが地面に倒れ込むことによって、相手がボールに対してプレーすることを妨げることをいう

★ オーバーザトップの反則を犯すと、その地点で反則しなかった側のペナルティキックで試合を再開する

オーバーザトップが起こるまで

ボールキャリアに対して、相手側プレーヤーがタックルし、ボールキャリアの味方がフォローに入った

フォローしたプレーヤーが地面に倒れ込むことによって相手がボールに対してプレーすることを妨げると反則となる

シグナル

オーバーザトップ

レフリーが一方の腕を曲げ、プレーヤーが倒れ込むジェスチャーをする。シグナルは反則したプレーヤーが倒れ込んだ方向に行う。

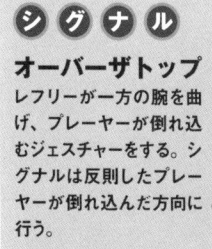

タックル付近で立つプレーヤーは
自陣ゴールライン側から参加する

　タックル成立後、タックラーとタックルされたプレーヤー以外のプレーヤーがタックル地点の前方や横からプレーした場合、反則となる。反則を犯した場合、その地点で反則しなかった側のペナルティキックで試合を再開する。これは、タックル地点（付近）でボールをプレーする他のプレーヤーは、ボールの後方、かつタックルされたプレーヤーかタックラーのうち自陣ゴールラインに近い方のプレーヤーの真後ろからプレーしなければならない、というルールがあるからだ。

タックル成立後、タックル地点の横からプレーに参加すると反則となる

基本知識

基本的な競技方法

反則とプレー再開方法

マッチオフィシャルのために

セブンズのルール

ジュニア (U-15) ラグビーのルール

知っておきたい！ルール豆知識

★ タックル地点（付近）で立っているプレーヤーが、ボールの後方かつ自陣ゴールライン側からプレーしなかった場合、反則となる

★ 反則を犯すと、その地点で反則しなかった側のペナルティキックで試合を再開する

反則が起こるまで

タックル成立後、ボールキャリアの味方プレーヤーがフォローに入った

フォローに入ったプレーヤーがタックル地点の横からプレーに参加したので反則となる

シグナル

誤った方向からのタックル地点への参加

レフリーが腕を水平に挙げ、半円を描く。

オフサイドの基本

ラグビーにおけるオフサイドの基本的な考え方を理解しよう

　ここからはオフサイドの反則について説明するが、その前提として、その考え方と関連する用語から覚えよう。まず、ラグビーではボールキャリア、あるいはボールをプレーしているプレーヤーよりも前方（相手側ゴールライン方向）に位置しているプレーヤーはプレーできない、という競技原則がある。そして、それにあてはまるプレーヤーの位置をオフサイド、そうでないプレーヤーの位置をオンサイド、そしてオフサイドとオンサイドの境界線をオフサイドラインという。そのことを理解したうえで、右ページにあるオフサイドの反則の考え方を覚えてほしい。

オフサイドに関連する用語

● **オフサイド；**
ボールキャリア、あるいはボールをプレーしているプレーヤーよりも前方（相手側ゴールライン方向）にいるプレーヤーのことをいう

● **オンサイド；**
反対に、オフサイドポジションにいないプレーヤーのポジション、つまり、ボールキャリア、あるいはボールをプレーしているプレーヤーよりも後方に位置し、その時点でプレーに参加可能なプレーヤーのことをいう

● **オフサイドライン；**
オフサイドとオンサイドの境界線。通常のプレーにおいては、ボールキャリアあるいはボールをプレーしているプレーヤーがいる地点で想定されるゴールラインと平行な線

基本知識

基本的な競技方法

反則とプレー再開方法

マッチオフィシャルのために

セブンズのルール

ジュニア（U-15）ラグビーのルール

オフサイドの基本的な考え方

- 試合が進む中で、プレーヤーはオフサイドポジションにいる状況が生まれる。そして、オフサイドポジションのプレーヤーはオンサイドになるまで競技に参加できない。参加した場合はオフサイドの反則となる
- オフサイドは、オフサイドポジションにいるプレーヤーが一時的にプレーできないことを意味する。競技に参加すれば反則が適用される
- 通常のプレーでは、プレーヤーがボールを持っているかプレーした時、そのプレーヤーの前方にいる味方のプレーヤーがオフサイドの対象となる
- 通常のプレーでは、味方の行為、または相手側の行為によってオンサイドとなる（次ページ参照）。しかし、もしオフサイドポジションにいるプレーヤーがプレーを妨げたり、前方またはボールの方へ動いたり、キックされたボールが着地した地点から 10 メートル後方へ離れなければ、オフサイドになる

オフサイドの反則が起こった時の試合再開方法

通常のプレーにおいてオフサイドの反則を犯した場合、その地点で反則しなかった側のペナルティキックで試合を再開する。あるいは、反則した側が最後にボールをプレーした地点で、反則しなかった側がボールを投入するスクラムによって再開することも選択できる。なお、最後にボールをプレーした地点が反則した側のインゴール内だった場合にスクラムが選択された時は、その地点に最短のゴールラインから 5 メートル離れた地点で行う。

**通常のプレーにおける
オフサイドの基本**

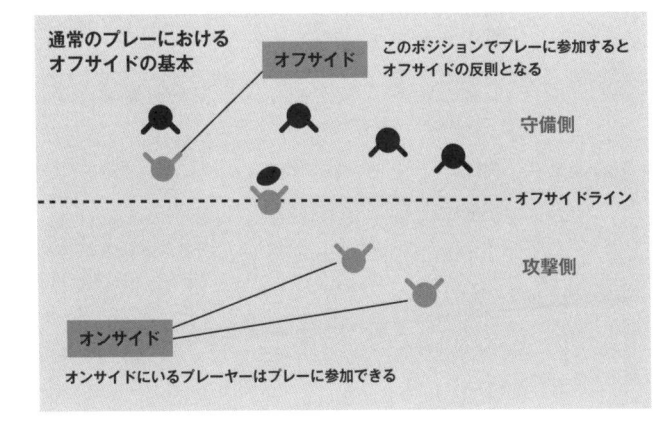

オフサイド

このポジションでプレーに参加すると
オフサイドの反則となる

守備側

オフサイドライン

攻撃側

オンサイド

オンサイドにいるプレーヤーはプレーに参加できる

通常のプレーのオフサイド

オフサイドプレーヤーは自動的にオフサイドの反則にはならない

　通常のプレーにおいて、プレーヤーはオフサイドポジションにいるからといって自動的に反則となるわけではないが、①プレーを妨げた、②前方（相手側ゴールライン方向）またはボールの方へ動いた、③10メートル規則（右ページ参照）を守らなかった、のいずれかにあてはまる場合はオフサイドの反則となる。オフサイドのポジションにいるプレーヤーがボールをプレー、または相手側を妨害した場合も反則となる。また、味方プレーヤーが前方へキックした時、オフサイドのポジションにいるプレーヤーはオンサイドになるまで、ボールをプレーしようと待っている相手側プレーヤー、あるいはボールが地面に着く地点に近づいてはならないことも覚えておこう。

通常のプレーでオフサイドの反則となるケース

- オフサイドのポジションにいるプレーヤーが、①プレーを妨げた、②前方またはボールの方へ動いた、③10メートル規則を守らなかった、場合はオフサイドの反則となる
- オフサイドのポジションにいるプレーヤーはプレーに参加してはならないので、ボールをプレー、あるいは相手側を妨害した場合はオフサイドの反則となる（プレーの妨害）
- 味方プレーヤーが前方へキックした時、オフサイドのポジションにいるプレーヤーは、オンサイドになるまでボールをプレーしようと待っている相手側のプレーヤーか、ボールが地面に着く地点に近づいた場合はオフサイドの反則となる
- インゴール内においてもオフサイドの反則は適用される

基本知識

基本的な競技方法

反則と
プレー再開方法

マッチオフィシャル
のために

セブンズのルール

ジュニア（U-15）
ラグビーのルール

味方の行為によってオンサイドになる場合

通常のプレーでは、オフサイドのポジションにいるプレーヤーが、自身または味方の
行為によってオンサイドになるには次の3つの方法がある

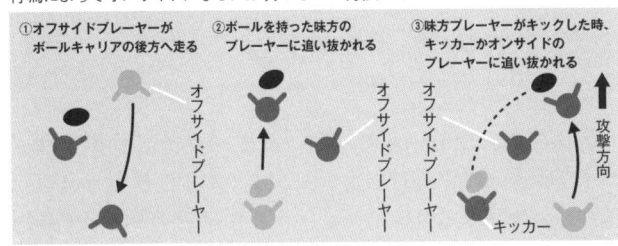

①オフサイドプレーヤーが
ボールキャリアの後方へ走る

オフサイドプレーヤー

②ボールを持った味方の
プレーヤーに追い抜かれる

オフサイドプレーヤー

③味方プレーヤーがキックした時、
キッカーかオンサイドの
プレーヤーに追い抜かれる

オフサイドプレーヤー

攻撃方向

キッカー

相手側の行為によりオンサイドになる場合

通常のプレーでは、オフサイドのポジションにいるプレーヤーが相手側の行為によっ
てオンサイドとなるには次の3つの方法がある。ただし、10メートル規則によりオフ
サイドとなるプレーヤーには適用されない

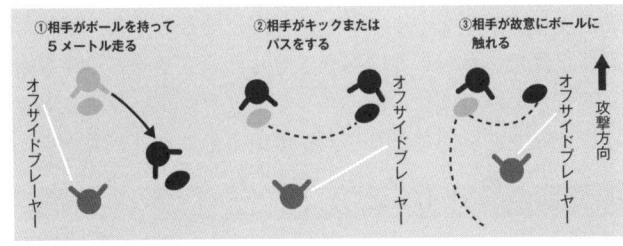

①相手がボールを持って
5メートル走る

オフサイドプレーヤー

②相手がキックまたは
パスをする

オフサイドプレーヤー

③相手が故意にボールに
触れる

オフサイドプレーヤー

攻撃方向

「10メートル規則」によるオフサイド

　味方が前方へキックした時、オフサイドのポジションにいるプレーヤーは、①
ボールをプレーしようと待っている相手プレーヤーがいる地点、②ボールが着地
した地点、③着地すると予想される地点、のいずれかの地点から10メートル離
れた位置に想定されるゴールラインに平行な線より前方にいる場合、キッカーの
後方まで直ちに移動しなければならない。その行為を行わなければオフサイドの
反則となる。また、移動の間に相手を妨害したりプレーを妨げたりした場合も反
則となる。ただし、そのオフサイドのポジションにいるプレーヤーは、上記にある
味方の3つの行為のどれかによってオンサイドになれる。

ラック、モール時のオフサイド

最後尾のプレーヤーの足を通る線がそれぞれのオフサイドライン

　ラックおよびモール時におけるオフサイドラインは、ゴールラインに平行して両チームに1本ずつ想定される。どちらのオフサイドラインも、ラックかモールの中の最後尾のプレーヤーの足を通る線となる。最後尾の足がゴールライン上、またはゴールラインの後方にある場合は、オフサイドラインはゴールラインになる。オフサイドプレーヤーがラックかモールに参加する場合、オフサイドライン後方から参加しないとオフサイドの反則となるので注意しよう。また、参加しない場合は直ちにオフサイドラインまで下がらなければならず、オフサイドポジションでうろうろしていても反則となることも覚えておこう。

ラックおよびモール時のオフサイドライン

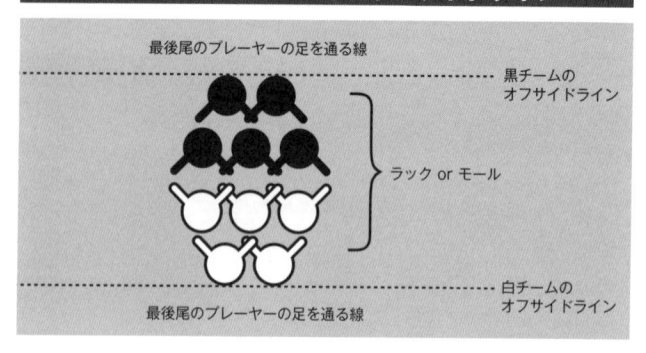

最後尾のプレーヤーの足を通る線

黒チームのオフサイドライン

ラック or モール

白チームのオフサイドライン

最後尾のプレーヤーの足を通る線

基本知識

基本的な競技方法

反則とプレー再開方法

マッチオフィシャルのために

セブンズのルール

ジュニア（U-15）ラグビーのルール

ラックまたはモールにおける正しい参加

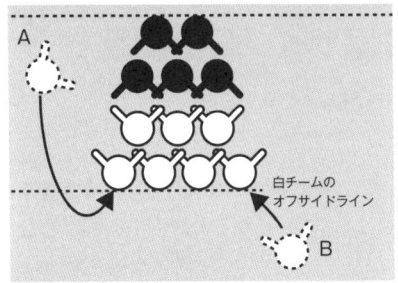

ラックまたはモールに参加する場合、オフサイドポジションにいたAは、一度オフサイドラインの後方に下がってから、ラックおよびモールに参加できる。なお、オンサイドにいたBも含め、ラックまたはモールに参加する時はオフサイドラインより前方から参加してはならない

白チームのオフサイドライン

ラックまたはモールにおけるオフサイドの例①

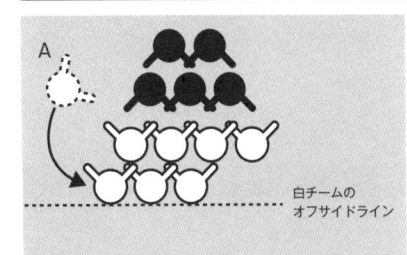

ラックまたはモールに参加する場合、オフサイドポジションにいたAが、オフサイドラインに下がらずに参加した場合、オフサイドの反則となる。

白チームのオフサイドライン

ラックまたはモールにおけるオフサイドの例②

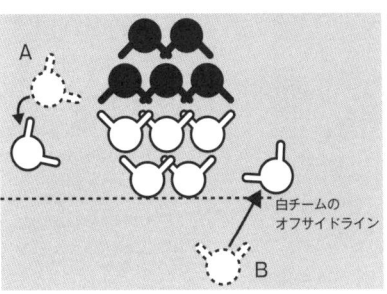

オフサイドポジションにいるAが、そこにうろうろするか留まっていた場合はオフサイドの反則となる（オフサイドポジションにいるプレーヤーは直ちにオフサイドライン後方まで移動しなければならない）。オンサイドにいたBがオフサイドラインを越えて、ラックまたはモールに参加しない場合も、オフサイドの反則となる

白チームのオフサイドライン

スクラム時の オフサイド

スクラム時のオフサイドの反則を しっかり覚えておこう

　スクラム時におけるオフサイドラインは、ボールを獲得した側のスクラムハーフ、獲得しなかった側のスクラムハーフ、両チームのその他のプレーヤー（スクラムに参加している8人とスクラムハーフ以外）に、それぞれ設定される。少し複雑に感じるかもしれないが、一度理解すればそれほど難しくはないので、下の図を参考にしてしっかり覚えてほしい。また、右ページでオフサイドの反則となるケースを紹介するので、そちらも覚えておこう。

スクラム時のオフサイドライン

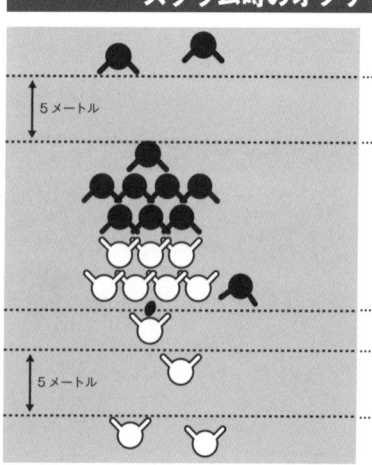

5メートル

…… スクラムに参加していない黒チームのプレーヤーのオフサイドライン

…… 黒チームのスクラムハーフのオフサイドライン

…… 黒チームのスクラムハーフのオフサイドライン

…… ボールをプレーしていない時の白チームのスクラムハーフのオフサイドライン

5メートル

…… スクラムに参加していない白チームのプレーヤーのオフサイドライン

ボールを獲得した側のスクラムハーフのオフサイド

●ボールがスクラムの中にある間、両足をボールより前に出した場合にはオフサイドの反則となる。少なくとも片足をボールの近く、または、後ろに置く

ボールを獲得しなかった側のスクラムハーフのオフサイド

●以下の場合、オフサイドの反則となる
①ボールがスクラムの中にある間、片足でもボールより前に出した場合
②スクラムにボールが投入される反対側に動いて、オフサイドラインを踏み越えた場合
③スクラムから離れた位置に動いて、オフサイドラインの前方にいる場合
※②と③のスクラムハーフのオフサイドラインは味方チームのスクラム最後尾のプレーヤーの足を通る線

スクラムに参加していないプレーヤーのオフサイド

●両チームのスクラムに参加していないプレーヤーで、かつスクラムハーフ以外のプレーヤーは、以下の場合にオフサイドの反則となる。
①オフサイドラインの前方にいるか、オフサイドラインを踏み越えた場合（この場合のオフサイドラインは、ゴールラインに平行で、両チームのスクラム最後尾のプレーヤーの足の位置より5メートル後方に想定される線）
②スクラムが形成されている時、オフサイドラインを越えてうろうろしている場合（スクラムに参加していないプレーヤーは、直ちにオフサイドラインまで退かなければならない）
なお、最後尾のプレーヤーの足が味方チームのゴールラインの上または後方にある場合、オフサイドラインはゴールラインになる。

Check Point! ボールを獲得しなかった側のスクラムハーフ

スクラムの時、ボールを獲得しなかった側のスクラムハーフだけは、2つのオフサイドを想定してプレーする必要がある。まず、ボールより前方でプレーしてはいけないという点。

もうひとつは、スクラムの反対側に移動する時、味方のスクラム最後尾のプレーヤーより前方に出てはいけないという点。スクラムハーフは、この2点を覚えておこう。

基本知識

基本的な競技方法

反則とプレー再開方法

マッチオフィシャルのために

セブンズのルール

ジュニア（U-15）ラグビーのルール

ラインアウト時のオフサイド

ラインアウトの時に想定される2種類のオフサイドライン

　ラインアウト時のオフサイドラインは、2種類想定される。まず、ラインアウトに参加しているプレーヤーは、投入されたボールがプレーヤーか地面に触れるまではラインオブタッチが、触れた後はボールを通りゴールラインに平行な線が、オフサイドラインとなる。ラインアウトに参加していないプレーヤーは、ラインオブタッチの後方10メートルでゴールラインに平行な線がオフサイドラインとなる。ただし、ゴールラインまで10メートル離れていない場合は、ゴールラインがオフサイドラインとなる。

ラインアウト時のオフサイドライン

黒チームのラインアウトに参加していない……
プレーヤーのオフサイドライン

ラインオブタッチがラインアウトに参加し……
ているプレーヤーのオフサイドライン（ボールがプレーヤーか地面に触れた後はボールを通りゴールラインに平行な線になる）

白チームのラインアウトに参加していない……
プレーヤーのオフサイドライン

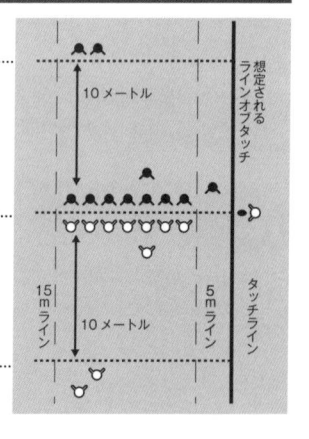

ラインアウトに参加しているプレーヤーのオフサイド

●投入されたボールがプレーヤーまたは地面に触れる前
ラインオブタッチを踏み越えた場合、オフサイドの反則となる。ただし、ボールを捕ろうとラインオブタッチの自陣側から跳び上がる場合は除く。なお、ボールを捕ろうとして跳び上がったが、ボールを捕れずにラインオブタッチを越えてしまったプレーヤーは、すぐにオンサイドの位置に戻れば反則にはならない。

●投入されたボールがプレーヤーまたは地面に触れた後
ボールを持っていないプレーヤーがボールより前方に踏み出した場合、そのプレーヤーはオフサイドの反則となる。ただし、相手側のプレーヤーをタックルまたはタックルしようとする場合を除く。この時、タックルはボールより味方の側からしなければならない。なお、ラインアウトに参加している両チームのプレーヤーは、ラインアウトが終了するまでラインアウトから離れてはならない。

●ロングスローイン時
ボールを投入するプレーヤーが 15 メートルラインを越えてボールを投げ入れる場合、ラインアウトに参加している両チームのプレーヤーは、ボールを投入するプレーヤーの手からボールが離れたら、直ちに 15 メートルラインを越えて動くことができる。ただし、ボールが 15 メートルラインを越えなかった場合、ボールを取ろうと動いたプレーヤーはオフサイドの反則となる。

●ラインアウトからのラックおよびモール
ラインアウト後にラックやモールが形成された場合、オフサイドラインは、ラックまたはモールに参加している最後尾の味方プレーヤーの足を通る線に変わる。ラインアウトに参加しているプレーヤーがオフサイドラインの前方からラックまたはモールに参加した場合、オフサイドの反則となる。なお、ラインアウトは、ラックまたはモールに参加している最後尾のプレーヤーの足がラインオブタッチを越えたら終了する。

ラインアウトに参加していないプレーヤーのオフサイド

●以下の場合、オフサイドの反則となる。
①ラインアウトが終了する前に、オフサイドラインを踏み越えた場合
②ボール投入時にオフサイドポジションにいながら、速やかにオンサイドの位置まで下がろうとしなかった場合
③ロングスローインの際、ボールを投入するプレーヤーの手からボールが離れたので前進したが、投入されたボールが 15 メートルラインを越えなかった場合
④ラインアウト後にラックかモールが形成された場合、ラインアウトが終了する前にオフサイドラインを踏み越えた場合

基本知識

基本的な競技方法

反則とプレー再開方法

マッチオフィシャルのために

セブンズのルール

ジュニア（U-15）ラグビーのルール

反則があっても、レフリーの判断でプレーが継続されることがある

　試合中に反則が起こった時、そのままプレーを止めなければ反則しなかった側に利益があるとレフリーが判断した場合、レフリーがプレーを止めずにアドバンテージルールを適用することができる。ここでいう利益とは、地域獲得といった地域的利益、または反則しなかった側が望む通りにボールをプレーできるといった戦術的利益を意味している。なお、アドバンテージルールを受けた側が利益を得られなかった場合、レフリーの判断によって、アドバンテージが解消されることがあることも、覚えておこう。

試合におけるアドバンテージの流れ

チームAが反則を犯した

→

その後、プレーを止めなければ反則をしなかったチームBに利益があるとレフリーが判断

→

レフリーは反則の笛を吹かずにアドバンテージのシグナルを出す

→

プレーの継続
その後、実際にチームBに利益が生じたとレフリーが判断した場合、レフリーはそのまま試合を継続させる

→

アドバンテージの解消
その後、実際にチームBに利益が生じないとレフリーが判断した場合、レフリーは笛を吹いて反則の地点にプレーを戻す

基本知識

基本的な競技方法

反則と
プレー再開方法

マッチオフィシャル
のために

セブンズのルール

ジュニア（U-15）
ラグビーのルール

アドバンテージが適用されない場合

レフリーとの接触	ボール、またはボールキャリアがレフリーに触れた場合
トンネル外へ出たボール	ボールがプレーされずに、スクラムのトンネルのいずれかの側から出た場合
スクラムのホイール	スクラムが90度（スクラムの中央の線がタッチラインと平行）を超えて回転した場合
スクラムのくずれ	スクラムがくずれた場合
宙に浮いたプレーヤー	スクラムで、プレーヤーが宙に浮く、または上方に押し出された場合
ボールがデッドになった後	ボールがデッドになった場合

複数の反則

- 同一チームによる複数の反則があった場合、2つ目の反則に対してアドバンテージは適用されない。またはアドバンテージが生じない場合、レフリーは反則しなかった側に最も有利かつ適切な罰を適用する
- 一方のチームによる反則後、アドバンテージを適用している間にアドバンテージを得ているチームが反則を犯した場合、最初の反則に対する罰を科す

Check Point!　レフリーがボールかボールキャリアに触れた場合はどうなる？

試合中、レフリーがボールかボールキャリアに触れた時、その後どちらのチームも利益を得なかった場合はプレーを続行する。もしどちらかのチームが利益を得た場合、レフリーはスクラムを命じ、最後にボールをプレーした側がボールを投入して試合を再開することになる。

シグナル

アドバンテージ
一方の腕を肩の高さで伸ばし、反則をしなかった側を約5秒間指示する。

第3章 20 不正なプレー

競技規則の精神に反する行為は不正なプレーと見なされる

　ここからは、巻末にあるラグビー憲章の精神にも反する「不正なプレー」について説明する。この不正なプレーについて、競技規則には「不正なプレーとは、競技規則の字義および精神に反する、競技場内でのプレーヤーの行動をいう。これには競技に悪影響を与える妨害、不当なプレー、反則の繰り返し、危険なプレー、不行跡が含まれる」とある。まずは、プレーヤーが犯してはいけない不正なプレー、不当なプレーを説明するので、しっかり覚えておいてほしい。

相手プレーヤーがタックルするのを妨害するとオブストラクションの反則となる

不正なプレーの「妨害」にあたる行為

●以下の妨害行為を行った場合は反則となり、その地点から反則をしなかった側のペナルティキックで再開する。もしその反則がなかったらトライが得られたとレフリーが判断した場合は、反則をしなかった側にペナルティトライが与えられる

チャージまたは押す	ボールに向かって走るいずれのプレーヤーも、同じくボールに向かって走る相手のプレーヤーも、互いに肩と肩で触れあう以外に相手をチャージし、または押してはならない
ボールキャリアの前方を走る	いずれのプレーヤーも、味方のボールキャリアの前方で故意に動く、または故意にその前方に立つことによって、そのボールキャリアに相手側がタックルするのを妨害したり、ボールを持つことがあり得るプレーヤーが実際にボールを持った時にタックルする機会を奪ってはならない
タックラーへの妨害	いずれのプレーヤーも、故意に相手側のプレーヤーがボールキャリアにタックルするのを妨害する位置へ動いたり、その位置に立ってはならない
ボールへの妨害	いずれのプレーヤーも、故意に相手側のプレーヤーがボールをプレーするのを妨害する位置へ動いたり、その位置に立ってはならない
ボールキャリアが前方の味方プレーヤーのところへ走り込む	いずれのプレーヤーも、故意に前方の味方プレーヤーのいるところへと走り込んではならない

相手プレーヤーを引っ張る行為

相手を引っ張ることは不正なプレー

スクラムハーフ（SH）への妨害

フランカーの相手 SH への妨害は反則

「不当なプレー」にあたる行為

●反則後の試合再開方法は、上記「妨害」と同様に行う。
●表内「タッチ等にボールを投げる」の場合、①フィールドオブプレー内の時は反則が起きた地点、②タッチラインから 15 メートル以内の時は反則が起きた地点からゴールラインに平行な 15 メートルライン上、③インゴール内の時は反則が起きた地点に最短のゴールラインから 5 メートルかつタッチラインから少なくとも 15 メートル離れた地点で、ペナルティキックにより再開する

時間の空費	いずれのプレーヤーも、故意に時間を空費してはならない
タッチ等にボールを投げる	いずれのプレーヤーも、腕や手を使って故意にボールを投げてタッチ、タッチインゴール、デッドボールラインの外へ出してはならない（ノック、置く、押し進めることで故意にボールを外に出すことも同様）。

第3章
21 危険なプレー

どんな場面でも他のプレーヤーに
危険がおよぶ行為をしてはならない

　　プレーヤーは、試合中のどのような場面においても、他のプレーヤーに対して危険がおよぶ行為をしてはならない。特にラグビーは密集に代表されるように、試合中に相手と接触する場面が多いため、危険なプレーについては競技規則でも細かい規定が設けられている。相手を殴ったり蹴ったりする行為はもちろんだが、ボールを持っていないプレーヤーにタックルしたり、チャージしたりすることも禁じられているので、右ページで紹介している例をしっかり覚えておこう。

相手の肩の線より上へタックルすると危険なタックルとして反則になる

基本知識

基本的な競技方法

反則とプレー再開方法

マッチオフィシャルのために

セブンズのルール

ジュニア（U-15）ラグビーのルール

危険なプレーにあたる主な行為

●以下の危険なプレーを行った場合は反則となり、その地点から反則をしなかった側のペナルティキックで再開する。もしその反則がなかったらトライが得られたと思われる場合は、反則をしなかった側にペナルティトライが与えられる

殴打	相手プレーヤーを拳、肘、頭等を使って殴打してはならない
踏みつける	相手プレーヤーを踏みつけてはならない
蹴ること	相手側プレーヤーを蹴ってはならない
足でつまずかせる	相手側プレーヤーを足でつまずかせてはならない
危険なタックル	相手側プレーヤーに早すぎるタックル、遅すぎるタックル、または危険なタックルをしてはならない
ボールを持っていない相手側プレーヤーにプレーすること	スクラム、ラック、モールの中にいる場合を除き、ボールを保持していないいずれのプレーヤーも、ボールを持っていない相手プレーヤーを捕えたり、押したり、妨害したりしてはならない
危険なチャージ	ボールを持っている相手プレーヤーをつかもうとしないで、チャージしたり突き倒したりしてはならない
ジャンプしているプレーヤーへのタックル	ラインアウトで、または空中のボールをとるためにジャンプしている相手プレーヤーにタックルしたり、片足または両足をはらったり、押したり、引っぱったりしてはならない
報復行為	報復行為をしてはならない。相手側が反則をしていても、相手プレーヤーに危険な行為をしてはならない
スポーツマンシップに反する行為	プレーヤーは、競技場においては健全なスポーツマンシップの精神に反するようないかなることを行ってはならない
キッカーに対するレイトチャージ	ボールを蹴り終わった相手プレーヤーをチャージしたり、妨害してはならない

相手プレーヤーを殴る行為

相手を殴る行為は危険なプレーと見なされ、反則しなかった側にペナルティキックが与えられる

相手を踏みつける行為

相手を踏みつける行為は危険なプレーと見なされ、反則しなかった側にペナルティキックが与えられる

不正なプレーにあたる行為を行うと 警告や退場を命じられることがある

試合中に、危険なプレーを含めた「不正なプレー」にあたる行為を行った場合は、レフリーから注意を受けたり、警告による10分間の一時的退出（シン・ビン）、あるいは退場を命じられたりする。また、一時的退出を命じられたプレーヤーが、再び「不正なプレー」を試合中に犯した場合は、退場を命じられる。一時的退出や退場を命じられたプレーヤー側のチームは、そのプレーヤーに替わるリザーブプレーヤーをプレーさせることはできないので、人数的に不利な状況で試合を続けなければならない。

©Yuka Shiga

不正なプレーにあたる行為をすると、レフェリーから警告や退場を命じられる

反則の繰り返し

基本知識

●反則の繰り返し

プレーヤーは、繰り返し競技規則に違反してはならない。これは、反則を繰り返すという事実が問題であり、反則を意図しているかどうかは問題ではない。そのような反則の繰り返しで罰を与えられたプレーヤーに対して、レフリーは警告するとともに、10分間の一時的退出を命じなければならない。また、そのプレーヤーが同様の反則や類似の反則を繰り返した場合、そのプレーヤーを退場させなければならない

●チームによる反則の繰り返し

同一チームの複数のプレーヤーが同じ反則を繰り返す場合、レフリーはそれが反則の繰り返しに相当するかどうかを判断し、相当する場合はチーム全体に対して注意を与える。その後も反則を繰り返した場合、反則を犯したそのプレーヤーに警告を与え、10分間の一時的退出を命じる。その後にまた同じチームのプレーヤーが違反を繰り返した場合は、レフリーは反則を犯したプレーヤーに退場を命じる

●レフリーの適用基準

「反則の繰り返し」に相当する反則の数を決める際、レフリーは代表チームや上級チームの試合には厳格な基準を適用し、三度目は警告を与えなければならない。未成年者など上記以外の試合では、より重大な基準を適用することができる

●イエローカードとレッドカード

レフリーは警告し、10分間の一時的退出を命じたプレーヤーに対してはイエローカード、退場を命じたプレーヤーに対してはレッドカードを示す。

イエローカード（一時的退出）

一時的退出を命じる際、レフリーはイエローカードを示す

レッドカード（退場）

退場を命じる際、レフリーはレッドカードを示す

基本的な競技方法

反則とプレー再開方法

マッチオフィシャルのために

セブンズのルール

ジュニア（U-15）ラグビーのルール

主な反則と再開方法一覧

通常のプレーにおける主な反則

反則	反則内容	再開方法
ノックオン	プレーヤーがボールを落とし、ボールが前方へ進む。または、プレーヤーが手や腕でボールを前方へ叩いたり、ボールがプレーヤーの手や腕にあたってボールが前方へ進んだり、そのプレーヤーがボールをとり直す前にボールが地面や他のプレーヤーに触れた	SK
スローフォワード	プレーヤーが前方にボールを投げるか、パスした	SK
オフサイド	プレーヤーがオフサイドポジションにいるにもかかわらず、プレーをした	PK／SK
妨害（オブストラクション）	相手プレーヤーにチャージまたは押す、ボールキャリアの前方を走る、タックラーへの妨害、ボールへの妨害、ボールキャリアが前方の味方プレーヤーのところへ走り込む等、不正なプレーの「妨害」にあたる行為	PK
不当なプレー	時間の空費、タッチ等にボールを投げる等、不当なプレーにあてはまる行為	PK
危険なプレー	殴打、踏みつけ、危険なタックル、報復行為、スポーツマンシップに反する行為等、危険なプレーにあたる行為	PK

スクラム時における主な反則

反則	反則内容	再開方法
不正なスクラム形成	レフリーが「セット」というコールをする前にフロントローが前に動く等、早いタイミングでエンゲージしたり、不正なスクラム形成を行った場合	FK
ボール投入の遅延	スクラムを組む時、スクラムハーフがボールを投入できる状態にもかかわらず、直ちにボールを投入しなかった	FK
コラプシング	スクラムを組む時、故意にスクラムを崩した	PK
不十分なバインド	スクラムを組む時、いずれかのプレーヤーがバインディングを外したりして、不十分な状態となった	PK

ラインアウト時における主な反則

反則	反則内容	再開方法
ノットストレート	ラインアウトの際、ボールを投入するプレーヤーがラインオブタッチに沿って真っ直ぐにボールを投入しなかった（スクラム時のノットストレートの場合は、スクラムで再開する）	LO/SK
ノットワンメートル	ラインアウトの際、両チームのラインアウトプレーヤーのいずれかが、ラインオブタッチから50センチメートル離れて立たなかった	FK

タックル時における主な反則

反則	反則内容	再開方法
ノットリリース ザボール	タックルが成立した時、タックルされたプレーヤーがすぐに ボールを放さなかった	PK
ホールディング	タックル成立後、タックラーがタックルされたプレーヤーか らすぐに離れず、バインディングしたままでいた	PK
ノットロール アウェイ	タックル成立後、タックラーがタックルされたプレーヤーと ボールからすぐに離れなかった	PK
オーバーザトップ	タックル成立後、いずれかのプレーヤーが地面に倒れ込んで 相手がボールに対してプレーすることを妨げた	PK
誤った方向からの プレーへの参加	タックル成立後、タックラーとタックルされたプレーヤー以 外、いずれのプレーヤーがタックル地点の横からプレーした	PK

※再開方法内、「SK」=スクラム、「PK」=ペナルティキック、「FK」=フリーキック、
　「LO」=ラインアウト、をそれぞれ表す

●ここに掲載した反則は、本書内で詳しく紹介した反則です。ラグビーにはこれら以
　外にも多くの反則が存在しているので、さらに詳しく知りたい場合は P183 で紹介
　している「競技規則」で確認して下さい

基本知識

基本的な競技方法

反則と
プレー再開方法

マッチオフィシャル
のために

セブンズのルール

ジュニア (U-15)
ラグビーのルール

ラグビーは国際的な競技なので世界共通の正しい用語を覚えよう

　スクラム、グラウンディング、ドロップアウト、スクラムハーフなど、ラグビーには世界共通の用語が数多くある。プレーを表す用語もあれば、ポジションや反則を表す用語もあり、これらを正確に覚えることが、正しくプレーしたり、楽しく観戦したりするためには重要になる。その一方で、日本には英語としてあまりなじみのない用語やプレーについての説明がいつの間にかルール用語として用いられる場合がある。たとえばスタンドオフ、タッチキック、アーリーエンゲージといった用語はよく使われているが、国際的には使われていない。本書では、そのような日本独自の用語を使わず、あくまでも国際的に共通する用語、またはそれに相当する日本語を使用している。フライハーフ（＝スタンドオフ）、ボールをタッチに蹴り出す（タッチキック）、不正なスクラム形成（＝アーリーエンゲージ）という表現は、その主な例である。ラグビーが国際的なスポーツである以上、正しい用語を覚えてラグビーという競技を楽しんでほしい。

マッチオフィシャル のために

©JRFU/Photo:K.Demura

レフリーは唯一の判定者であり 競技規則を公平に適用する必要がある

　ラグビーの試合におけるマッチオフィシャルとは、1人のレフリーと2人のアシスタントレフリー（またはタッチジャッジ）のことをいう。中でもレフリーは、競技規則に「レフリーは、試合中においては唯一の事実の判定者であり、競技規則の判定者である。あらゆる試合において、すべての競技規則を公平に適用しなければならない」とあるように、絶対的な権限を持つと同時に、極めて重大な職務を担っている。この章では、マッチオフィシャルを目指す人のために必要とされるポイントを紹介していく。

ラグビーの試合におけるレフリーは絶対的な存在。それだけに重責も担っている

理想のレフリーを目指すために レフリングの原則を知ろう

マッチオフィシャルになるためには、どのようなレフリングが理想的なのかを頭に入れておく必要がある。そのためにも、下にある「レフリングの原則」と「レフリングのイメージ」をしっかり理解しておいてほしい。

レフリングの原則

公平性	競技規則の適用
一貫性	競技規則の適用に関して一貫性がなければならない
アドバンテージ	プレーの継続のためにアドバンテージが適用されなければならない。プレーの質の低下、安全性が失われてはならない
優先順位	まずは安全性の確保、次にプレーの継続に優先順位をおく

レフリングのイメージ

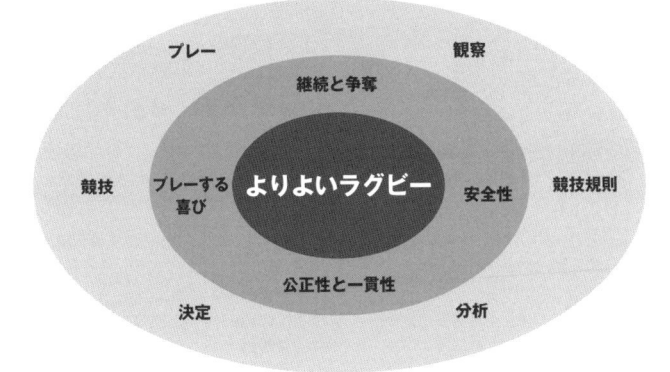

プレー　観察　継続と争奪　競技　プレーする喜び　よりよいラグビー　安全性　競技規則　公正性と一貫性　決定　分析

基本知識

基本的な競技方法

反則とプレー再開方法

マッチオフィシャルのために

セブンズのルール

ジュニア（U-15）ラグビーのルール

試合をスムースに進行させるために 道具と服装の準備をしておくこと

　レフリーは、試合をスムースかつ安全にレフリングするために、いくつか道具を準備しておく必要がある。たとえば時間を計測する腕時計またはストップウォッチ、判定を告げる時に重要なホイッスル、イエローカードやレッドカード等道具は様々だ。ここではレフリーの道具と服装（ジャージー）の例を紹介するので知っておいてほしい。

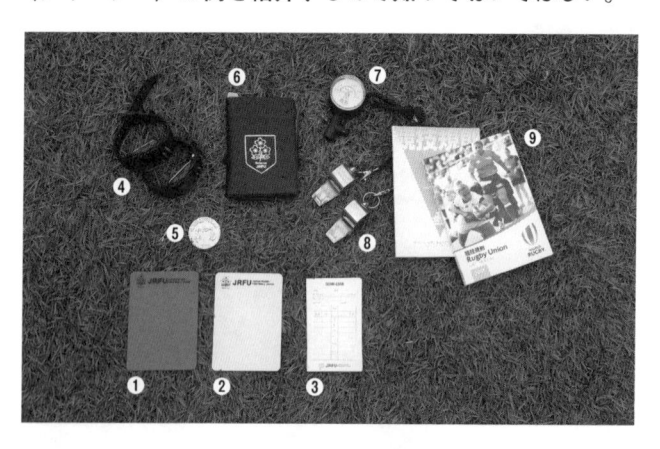

①レッドカード
②イエローカード
③スコアカード
④腕時計（2つ使用する場合が多い）
※レフリーは競技時間の全責任を有するため、故障等トラブルに備えて2つ使用するのが一般的

⑤トス用コイン（硬貨またはその代用）
⑥カード入れ
⑦空気圧計
⑧ホイッスル（予備を持つ場合が多い）
⑨競技規則

マッチオフィシャルの服装（ジャージー）

レフリーとアシスタントレフリー（またはタッチジャッジ）は、試合を行う両チームのジャージーの色とはっきりと異なる色のジャージーを着用すること。また、レフリーとアシスタントレフリー（またはタッチジャッジ）はチームとして同じ色のジャージーを着用すること。かつては白が一般的な色とされていたが、近年は緑、ピンク、黄色など、多くの色があるので、状況に応じて選択してほしい。もちろん、気温によって長袖と半袖のどちらを選んでも構わない。

アシスタントレフリー（またはタッチジャッジ）が使用する旗（フラッグ）

アシスタントレフリー（またはタッチジャッジ）が試合で使用する旗は2本セットで準備すること。色は何色でも構わない（写真は日本ラグビーフットボール協会が主催する試合で使用しているフラッグ）

基本知識

基本的な競技方法

反則とプレー再開方法

マッチオフィシャルのために

セブンズのルール

ジュニア（U-15）ラグビーのルール

プレーヤーから信頼されるために 必要とされる5つのポイント

　レフリーには、プレーヤーから信頼を得られるような振る舞いや判定が求められる。そのためにも、①自分の笛で始まる試合で最高のパフォーマンスをするよう期待されていることを認識する、②厳しくあるべきだが横柄になってはならない、③プレーヤーのモチベーションを理解できるように努める、④観客、プレーヤー、コーチのプレッシャーに影響されないで適切に判断する、⑤誠実さと品位を持ち、プレーヤー、コーチ、観客から尊敬される模範的な人物であることを大切に、その職務を全うする必要がある。

©JRFU/Photo:K.Demura

レフリーは適切で妥当な判定をすると同時に、プレーヤーから信頼される存在

基本知識

基本的な競技方法

反則と
プレー再開方法

マッチオフィシャル
のために

セブンズのルール

ジュニア（U-15）
ラグビーのルール

ポジショニングの原則

適切な判定を行うためには、正しいポジショニングが重要になる。そこで大切なことは、①現象・機会をマネジメントできる位置、②ボールの見える位置、③次のフェーズへの予測、④攻撃側の時間とスペースを作る、という4つの原則だ。目まぐるしく展開する試合では、これらを意識して正しいポジショニングを繰り返す必要がある。

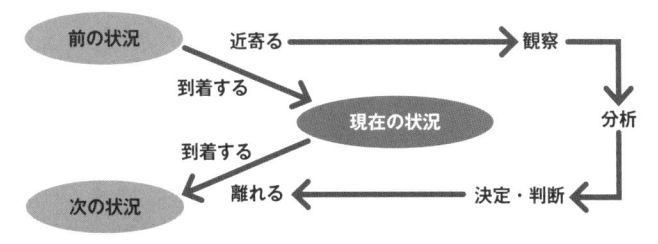

よいレフリングを行うための要素

よいレフリングを行うためには、下にある要素を頭に入れておく必要がある。まず、正確な判定を行うためには、プレーの状況に応じて正しいコースでそれをフォローし、よいポジショニングを行うこと。また、ゲームをコントロールするためには、効果的な予防およびプレーヤーとのコミュニケーションを図ることが重要になる。

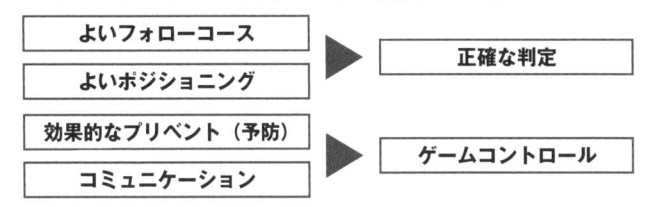

アシスタントレフリーは
レフリー職務に対する補助も行う

アシスタントレフリーは、タッチ、タッチインゴール、ゴールキック等の判断というタッチジャッジの役割に加えて、レフリー職務に対する補助も行う（アシスタントレフリーとタッチジャッジの違いは保有ライセンスの有無による）。ただし、あくまでも補助であり、唯一の判定者はレフリーであることを忘れてはならない。そのうえで、下にある役割をしっかり頭に入れておいてほしい。

アシスタントレフリーまたは タッチジャッジの役割

- ●タッチの判定
- ●タッチインゴールの判定
- ●デッドボールラインの判定
- ●ゴールキックの判定

アシスタントレフリーの レフリー職務に対する補助

- ●不正なプレーに関する確認とレフリーへの報告
- ●トライの判定
- ●オフサイドの判定
- ●ノックオン、スローフォワード等の判定
- ●その他レフリーへのレポート

試合中のポジショニング

- ●アシスタントレフリーまたはタッチジャッジは、グラウンドの両側に１名ずつ位置し、ゴールキックの判定を行う場合はゴールポスト後方のインゴールに立つ
- ●アシスタントレフリーは、不正なプレーがあったことをレフリーに報告する際、競技区域内に入ってもよい。ただし、次にプレーが停止した時とレフリーが許可した時に限る

第4章
06 日頃の準備

よいパフォーマンスをするために
日頃から良い準備をしておく

　レフリーおよびアシスタントレフリーは、試合でよいパフォーマンスをするために、日頃からよい準備をしておく必要がある。たとえば、競技規則をしっかり覚えていたとしても、その知識を試合で発揮するためには持久力やスピードといったフィジカル能力を備えていなければ、せっかくの知識も生かすことはできない。あるいは、食事など日頃の体調管理をしておくことや、ラグビーという競技についての理解度を深めておくことも大切だ。そのうえで、メンタルをしっかり整えて試合に臨めるよう、日頃から心がけてほしい。

フィジカル
トレーニング
持久力、スピード、
柔軟性、筋力、リカバリー

食事および
体調管理

心の準備
担当試合の一週間
前、試合直前の心
の準備を整える

競技に対する理解
スタジアム、または TV や
VTR で試合を見る、練習
に参加してコーチやプレー
ヤーと情報交換する

ルールについての
勉強

第4章 07 試合当日の手順

試合を始めるために
事前に準備しておくべきこと

　レフリーおよびアシスタントレフリー（またはタッチジャッジ）は、試合を開始させるために、試合の前にしておかなければならないことがいくつかある。下にその主な内容と流れを紹介しているので、事前にイメージをしたうえで試合に臨んでほしい。また、試合前のトスの方法についても確認しておこう。

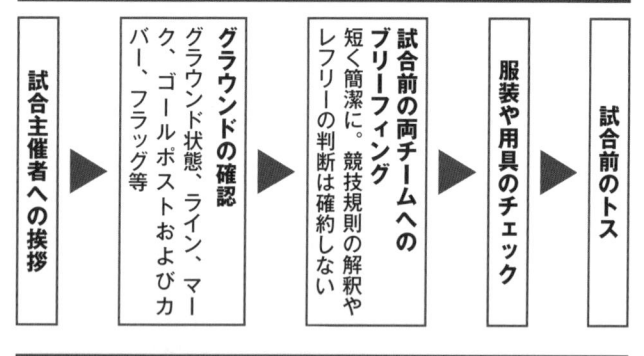

試合前の準備とその流れ

試合主催者への挨拶 ▶ **グラウンドの確認** グラウンド状態、ライン、マーク、ゴールポストおよびカバー、フラッグ等 ▶ **試合前の両チームへのブリーフィング** 短く簡潔に。競技規則の解釈やレフリーの判断は確約しない ▶ 服装や用具のチェック ▶ 試合前のトス

試合前のトスの手順と方法

●レフリーは、試合前に両チームのキャプテンにトスを行わせる。その方法は、まず一方のキャプテンが硬貨を投げ、他方のキャプテンが表裏をいう。そして、トスの勝者はキックオフかサイドのいずれかを選択する。トスの勝者がサイドを選択した場合、相手側はキックオフを選択しなければならない（逆も同様）

第4章 08 レフリーライセンスの取得

本格的にレフリーを目指す人は
レフリーライセンスを取得しよう

　レフリー（マッチオフィシャル）を本格的に目指そうと考えている人は、レフリーのライセンス（資格）を取得する必要がある。試合にはそれぞれカテゴリーがあり、それぞれのカテゴリーでレフリーを務めるためには、それに応じたライセンスを取得していなければならないからだ。下の表にある現在のライセンス区分、その規定、認定方法を確認し、ライセンスの取得を目指そう。まずは、自分が住んでいる都道府県協会に問い合わせてほしい。

現在の日本国内における資格と規定

公認区分		公認レフリーの規定	認定方法
日本協会公認	A級	日本協会主催の国際試合および国内すべての試合のレフリーを務めることができる	日本協会承認（年度毎）
	A1級	日本協会主催試合を含めた国内すべての試合のレフリーを務めることができる	
3地域協会・都道府県協会公認	B級	地域協会および都道府県協会主催試合のレフリーを務めることができる	認定講習会
	C級	都道府県協会主催試合のレフリーを務めることができる	認定講習会
アカデミー制度		20歳代の将来有望なレフリーを発掘し、2年間で集中指導。技術や知識の習得、人間性を育てることを目指し、トップレフリー候補者を育成	3地域協会推薦

※上記の資格を有した者はアシスタントレフリーも務めることができる

基本知識

基本的な競技方法

反則とプレー再開方法

マッチオフィシャルのために

セブンズのルール

ジュニア（U-15）ラグビーのルール

column

4

プレーヤーのプロ化に伴って
レフリーは時間の確保が課題に

　プロ化が進む現代ラグビーにおいて、レフリーにとって最も大変なことは、レベルを向上させるために必要な時間を確保することではないだろうか。なぜなら、プロ化が加速する中で、チームはトレーニングや分析等に使う時間を十分に確保するようになったが、レフリーが本業の仕事とは別にチームと同レベルのトレーニングや分析等を行うことは極めて難しいからだ。まだプレーヤーもプロ化していない時代では、プレーヤーとレフリーがお互いに時間を作り合って週末の試合に臨むという恰好だった。そのような時代と比較すると、現在は両者の進化の度合いが開き始めていることは間違いない。テレビマッチオフィシャル（ビデオ判定）を導入したのも、プロ化する時代において判定の精度を高めるための工夫と言える。また、インターネット等メディアの進化に伴って、レフリーが浴びるプレッシャーもかつての比ではない。ほとんどの試合が映像として記録される実情を考えても、レフリーはメンタル面のさらなる強化を図る必要があるだろう。

レフリーおよび
アシスタントレフリー
（タッチジャッジ）のシグナル

スクラム

肩の線をタッチラインに平行にして立ち、一方の腕を水平にし、ボールを投げ入れる側を指し示す

フリーキック

肩の線をタッチラインに平行にして立ち、肘を直角に曲げ、反則をしなかった側を指し示す

ペナルティキック

肩の線をタッチラインに平行にして立ち、一方の腕を上げ、反則をしなかった側を指し示す

アドバンテージ

一方の腕を腰よりも上の高さで伸ばし、反則をしなかった側を約5秒間指し示す

基本知識

基本的な競技方法

反則と
プレー再開方法

マッチオフィシャル
のために

セブンズのルール

ジュニア（U-15）
ラグビーのルール

トライ・ペナルティトライ

デッドボールラインに背中を向け、肩の線をゴールラインに平行にして立ち、一方の腕を垂直に上げる

22メートルライン地点での ドロップアウト

22メートルラインの中央を指し示す

スローフォワード、 または、前方へのパス

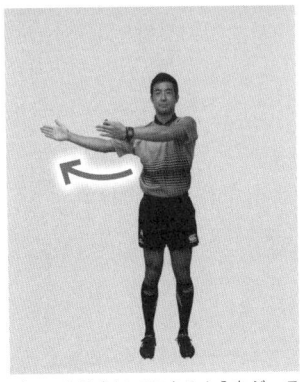

ボールを前方にパスするようなジェスチャーをする

ノックオン

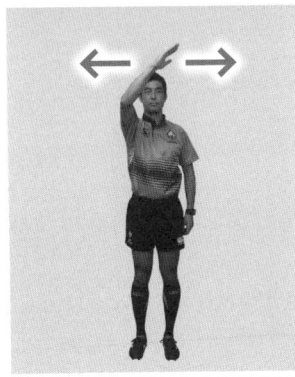

手のひらを広げ、頭上で腕を前後に振る

ラック、タックルでの アンブレアブル

肩の線をタッチラインに平行にして立ち、一方の腕を水平にし、ボールを投げ入れる側を指示する。もう一方の腕と手は、相手側チームのゴールラインを指し、前後に振る

モールでのアンブレアブル

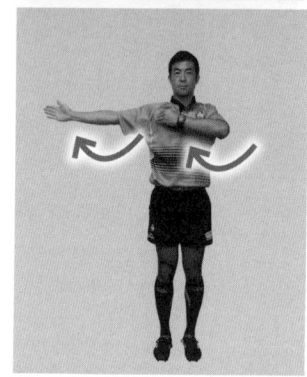

モールの開始時にボールを保持していなかった側に腕を上げる。もう一方の腕を反対側から振り合わせる

スクラムのホイール （90度以上）

頭上で指を回す

ラインアウトにおける ノットストレート

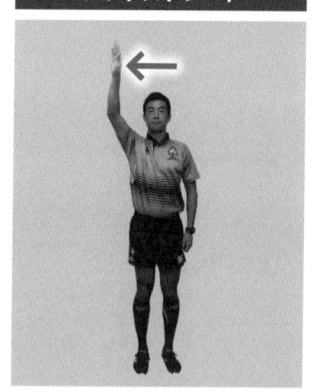

肩の線をタッチラインに平行にして立ち、一方の腕を頭の上にし、真っ直ぐ投げ入れなかったようなジェスチャーをする

インゴールにおける
パイルアップ

両手の間に間隔をつくり、ボールが地面についていないことを示す

フロントローのフットアップ

足を上げ、かかとに手を触れる

スクラムにおける
ノットストレート

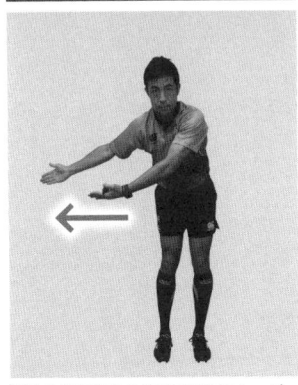

両手を膝の高さの位置まで下ろし、ボールをまっすぐではなく投げ入れるまねをする

立つ間隔が不十分な場合
（ラインアウト）

両手を目の高さに上げ、手のひらを内向きに合わせる

基本知識

基本的な競技方法

反則と
プレー再開方法

マッチオフィシャル
のために

セブンズのルール

ジュニア（U-15）
ラグビーのルール

ラインアウトにおける リフティング

両手を腰の前で握り、持ち上げるような ジェスチャーをする

ノットリリースザボール

両手を胸に近づけ、ボールを抱えるよう なジェスチャーをする

タックラーがタックルされた プレーヤーを離さない

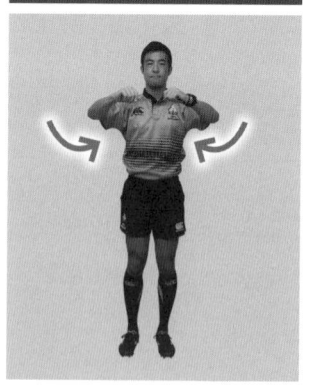

腕で相手をつかんだ後に離す動作をする

タックラーあるいはタックルされた プレーヤーのノットロールアウェイ

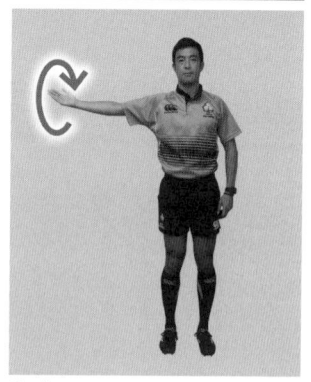

腕と指を回す

基本知識

基本的な競技方法

反則と
プレー再開方法

マッチオフィシャル
のために

セブンズのルール

ジュニア（U-15）
ラグビーのルール

誤った方向からの
タックル地点への参加

腕を水平に挙げ、半円を描く

故意の倒れ込み

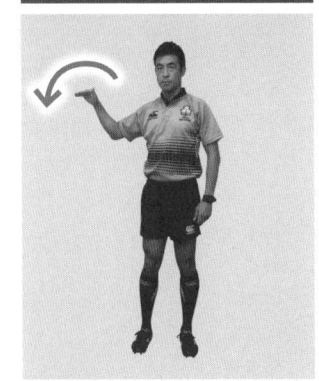

一方の腕を曲げ、プレーヤーが倒れ込む
ジェスチャーをする。シグナルは反則し
たプレーヤーが倒れ込んだ方向に行う

タックル付近へのダイビング

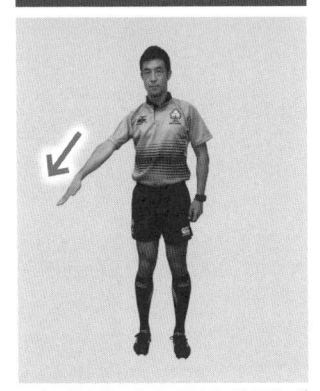

一方の腕を真っ直ぐ、下方にダイビング
するジェスチャーをする

ラック、モールへ
横から参加する

腕と手を水平にし、横から入った方向を
示す

ラックまたはモールにおける コラプシング

相手を掴む形で両腕を肩の高さに上げる。上半身をひねりながら沈め、相手を引き倒すようなジェスチャーをする

フロントローが 相手を引き倒す行為

一方の手を握り、腕を曲げ、相手を引き倒すようなジェスチャーをする

フロントローが 相手を引っ張る行為

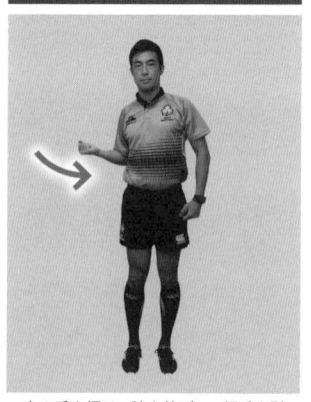

一方の手を握り、腕を伸ばし、相手を引っ張るようなジェスチャーをする

バインドしていない

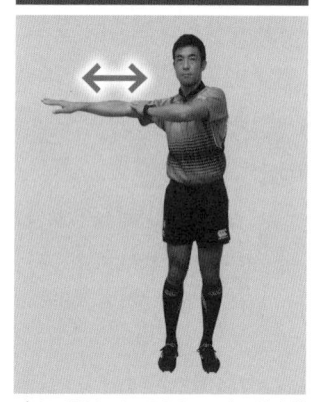

バインドをしているように一方の腕を伸ばし、一方の手を腕に沿って上下させる

基本知識

基本的な競技方法

反則と
プレー再開方法

マッチオフィシャル
のために

セブンズのルール

ジュニア（U-15）
ラグビーのルール

ラックまたは
スクラムにおけるハンド

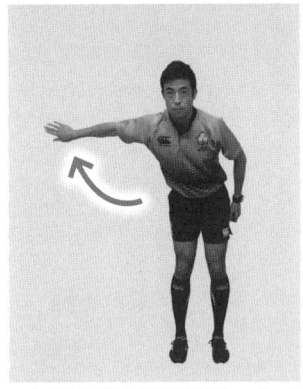

一方の手をグランドの高さにし、ボール
を掻き出すようなジェスチャーをする

ラインアウトにおける
バージング

一方の腕を水平に上げ、肘を突き出し、
相手を押すようなジェスチャーをする

ラインアウトで他の
プレーヤーに寄り掛かる行為

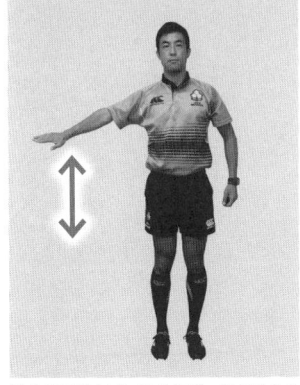

腕を水平に上げ、肘を曲げ、手のひらを
下向きにし、腕全体を下げる

ラインアウトで
相手を押す行為

両手を肩の高さに上げ、手のひらを前方
にし、相手を押すようなジェスチャーを
する

ラインアウトにおける
オフサイド

一方の腕を水平に胸の前をクロスさせ、
反則をした側を指し示す

オープンプレーでの
オブストラクション

両腕を胸の前で直角にクロスさせる

スクラム、ラックまたは
モールにおけるオフサイド

肩の線をタッチラインに平行にして立ち、
腕を真っ直ぐ下に降ろし、オフサイドラ
インに沿って振る

10メートル規則によるオフサイド、あるいは、ペナルティ
キック、フリーキックにおけるノット10メートル

頭上で両手のひらを開く

基本知識

基本的な競技方法

反則と
プレー再開方法

マッチオフィシャル
のために

セブンズのルール

ジュニア（U-15）
ラグビーのルール

ハイタックル

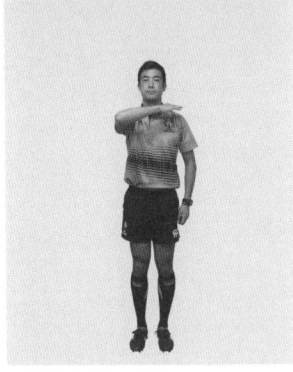

一方の手を首の前にする

スタンピング

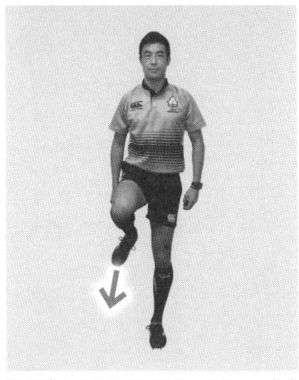

足で踏みつけるようなジェスチャーをする

パンチング

一方の手を握りしめ、一方の手のひらを叩く

レフリーの判断に異議を唱えること

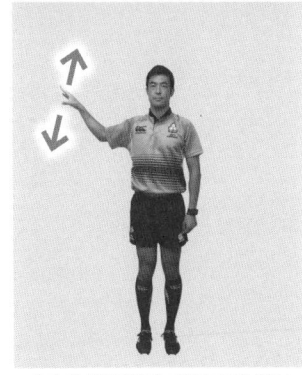

一方の腕を頭の高さで前方に突き出し、手で口を開け閉めしているようなジェスチャーをする

スクラム

肘を曲げ、両手の指を頭の上でつける

オフサイドの選択肢：ペナルティキックかスクラム

一方の腕はペナルティキックのシグナルを行い、もう一方の腕はスクラムのポイントを指し示す

医務心得者を呼ぶ場合

一方の腕を頭の上に上げ、負傷したプレーヤーのため医務心得者が必要であることを示す

医師を呼ぶ場合

両腕を頭の上に上げ、負傷したプレーヤーのため医師が必要であることを示す

プレーヤーが出血した場合

両腕を頭の上でクロスさせ、プレーヤーが出血したことを示す

タイムキーパーに計時停止と再開を指示

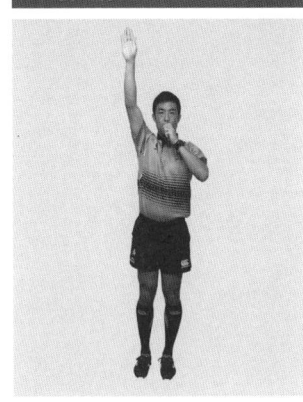

片手を挙げ、笛を吹く

頭部外傷の評価が必要

手のひらを内側に向け、肘を肩の高さで曲げてから、指先で頭に触れる

タイムオフ

腕でアルファベットのTの形を作る

基本知識

基本的な競技方法

反則とプレー再開方法

マッチオフィシャルのために

セブンズのルール

ジュニア（U-15）ラグビーのルール

TMO 判定

人さし指を伸ばして、テレビのスクリーンを指す四角形を描く

ゴール成功

ボールがクロスバーを越え、ゴールポストの間を通ったことを示すため、旗を上げる

タッチ、および、ボールを投げ入れるチーム

片手で旗を上げ、マークオブタッチへ移動してそこに立ち、もう片方の手で投げ入れる権利があるチームを示す

不正なプレー

旗を水平、かつ、タッチラインと直角になるようフィールドに向かって上げる

©JRFU

基本知識

基本的な競技方法

反則と
プレー再開方法

マッチオフィシャル
のために

セブンズのルール

ジュニア (U-15)
ラグビーのルール

column
5

19世紀にスコットランドで
誕生したセブンズの歴史と普及

セブンズ（7人制）は、スコットランド南部ボーダーズ地方が発祥の地とされ、1883年、当時財政難に陥っていたメルローズのクラブを救うため、資金調達を目的に15人制よりも実施しやすいセブンズが考案されたと言われている。15人制と同じサイズのグラウンドを7人対7人でカバーするため、ボールがダイナミックかつスピーディに動くという特徴を持つセブンズは、すぐに近隣に広まり、スポーツイベントとしても成功を収めた。以来、時代とともに次第に普及、発展を遂げると、1999－2000シーズン、ＷＲ（ワールドラグビー、当時のIRB＝国際ラグビー評議会）の下でワールドセブンズシリーズが誕生。毎年、世界各地で開催される大会での成績をポイント換算して世界チャンピオンを決定するシステムも確立された。さらに、2016年リオデジャネイロ五輪で男女ともセブンズが正式競技になったこともあり、日本国内における注目度が上昇すると同時に、競技人口も増加している。今後も、注目すべき競技と言える。

第5章

セブンズ（7人制）の ルール

©JRFU/Photo:H.Nagaoka

ボールが大きく動き、スピーディで 流れるような展開がセブンズの魅力

　近年、急速に人気を高め、2016 年リオ五輪から正式競技となり、2020 年東京五輪でも注目されているのがセブンズ（7 人制）だ。セブンズは、15 人制と同じフィールドを使いながら、それよりも少ない人数でプレーするため、ボールが大きく動き、スピード、アジリティ、ハンドリングスキル等がポイントとされる。また、観戦者にとってはエキサイティングで流れるようなプレーを楽しめるという特徴がある。競技方法は 15 人制のルールが基本だが、いくつかの違いが存在しているので、覚えてほしい。

©JRFU/Photo:H.Nagaoka

セブンズは、男女とも 2020 年東京五輪の正式競技

プレーヤー人数と試合時間

1チームは最大7人でプレーし交替と入替えは最大5人まで

基本知識

基本的な競技方法

反則とプレー再開方法

マッチオフィシャルのために

セブンズのルール

ジュニア（U-15）ラグビーのルール

プレーヤー人数と交替・入替え

　試合は7人対7人で行われ、フィールドでプレーできる1チームの最大人数は7人だ。また、1チームにつき5人まで、負傷による「交替」と戦術的理由による「入替え」が認められている。なお、たとえ負傷したプレーヤーの交替であっても、一度交替したプレーヤーが再びプレーすることはできないが、例外として、傷口が開いたり出血したりしているプレーヤー、頭部外傷を被ったプレーヤー、不正なプレーを受けて負傷したプレーヤーと交替する場合に限っては、再びプレーすることができる。

セブンズの試合時間

　試合時間は前後半各7分間以内、1試合14分間以内とされ、ロスタイム、延長時間を加えることができる。大会の決勝戦は前後半10分間以内（7分間で行われることが多い）、計20分間以内で、延長が必要な場合は1分間の中断後、前後半各5分の延長戦を行い、ハーフタイム後にサイドを交換する。

前半　1st Half	ハーフタイム	後半　2nd Half
7分間以内	2分間以内	7分間以内

※ハーフタイム後はサイドを交換して試合を再開する

インゴールジャッジ2人が
マッチオフィシャルに加わる

　15人制ではレフリーと2人のアシスタントレフリー（またはタッチジャッジ）からなるマッチオフィシャルの下で試合が行われるが、セブンズでは、上記3人に2人のインゴールジャッジを加えた計5人で行われる。レフリーの指揮下にあるインゴールジャッジ2人は、それぞれのインゴールに位置し、下の表にあるシグナルを行う。その他、延長戦の前には「レフリーは両キャプテンにトスを行わせ、一方が硬貨を投げ、他方が表裏を言い、トスの勝者がキックオフかサイドを選択する」ことも覚えておこう。

インゴールジャッジのシグナルと役割

ゴールキックの結果に関するシグナル	コンバージョンキック、またはペナルティキックによるゴールキックが行われる場合、そのサイドのインゴールジャッジは、キックの結果をシグナルし、レフリーを補佐する。ボールがクロスバーを越え、ゴールポストの間を通った場合は、インゴールジャッジは旗を上げゴールをシグナルする
タッチのシグナル	ボールまたはボールキャリアがタッチインゴールに入った場合、旗を上げなければならない
不正なプレーのシグナル	試合主催者は、インゴールジャッジに対してインゴール内の不正なプレーのシグナルをする権限を与えることができる
トライの助言	トライまたはタッチダウンについて、レフリーの求めに応じてレフリーを補佐する

基本知識

基本的な競技方法

反則とプレー再開方法

マッチオフィシャルのために

セブンズのルール

ジュニア（U-15）ラグビーのルール

第5章 04 得点と勝敗決定方法

トライ後のコンバージョンは 必ずドロップキックで行う

得点方法

基本的に、15人制と得点方法は変わらない。ただし、大きく異なっている点は、7人制ではトライ後のコンバージョンは必ずドロップキックで行うことだ。また、キックは30秒以内に行わなければならない。いずれも、試合のスピードアップの妨げにならないための工夫だ。

トライ	ペナルティ トライ	コンバージョン ゴール	ペナルティ ゴール	ドロップ ゴール
5点	7点	2点	3点	3点

コンバージョンにおける 15人制との違い

15人制では……
・プレースキックでもドロップキックでもよい
・トライ後90秒以内にキックしなければならない
・相手側プレーヤーはすべて自陣ゴールラインまで行かなければならない

セブンズのルール
・必ずドロップキックで行う
・トライ後30秒以内にキックしなければならない
・相手側プレーヤーはすべて自陣10メートルライン付近に速やかに行かなければならない

試合における勝敗決定方法

●規定の時間を終えて、ゴール数が多いチームを勝ちとする
●両チームが同点または無得点で終わった場合は引き分けとなる
●トーナメント方式等、必ず勝敗を決めなければならない場合、延長戦を行うことがある（大会規定により方法が異なるので事前に確認しておくこと）。延長戦では、先に得点したチームが直ちに勝者となり、試合は終了する

得点後の試合再開のキックオフは
得点したチームによって行われる

　セブンズでは、試合再開のためのキックオフの方法が15人制とは異なっている。大きな違いは得点後のキックオフで、15人制の場合は得点された側が行うが、セブンズの場合は得点したチームが行う。その他にも、試合再開のためのキックオフの方法についてはいくつかの相違点があるので、下のルールをしっかり覚えておこう。

知っておきたい！ルール豆知識

★ 得点後、得点をしたチームがドロップキックによって試合再開のキックオフを行う。その場所は、ハーフウェイラインの中央またはその後方とする

★ キッカー側のプレーヤーは、キックオフする際、ボールの後方にいなくてはならない。これに反した時は、ハーフウェイラインの中央で、相手側チームにフリーキックが与えられる

★ キックしたボールが相手側の10メートルラインに達しない場合、ハーフウェイラインの中央で、相手側にフリーキックが与えられる

★ キックしたボールが直接タッチになった場合、ハーフウェイラインの中央で、相手側にフリーキックが与えられる（キックされたボールは直接フィールドオブプレーに着地しなければならない）

★ キックしたボールがインゴールに入った場合、相手側がボールをグラウンディングするか、デッドにするか、またはボールがタッチインゴールに出るか、デッドボールラインに触れるか越えるかしてデッドになった時、ハーフウェイラインの中央で相手側にフリーキックが与えられる

第5章

06 スクラム

基本知識

基本的な競技方法

反則と
プレー再開方法

マッチオフィシャル
のために

セブンズのルール

ジュニア（U-15）
ラグビーのルール

スクラムは1チーム3人が 1列になって形成する

　スクラム形成においても、セブンズと15人制は異なっている。15人制では両チーム各8人によってスクラムを形成するが、セブンズの場合は、両チーム各3人が参加することによって形成される。その他、下に15人制のスクラムとの違いを挙げたので、覚えてほしい。

セブンズにおけるスクラムとは……

● スクラムは、互いにバインドして1列になった3人ずつのプレーヤーによって形成される。また、両チームのプレーヤーが頭を交互に組み合うことによってトンネルが形成され、そこに、フロントローが左右どちらか片方の足でフッキングすることでボールを獲得するよう、スクラムハーフがボールを投入する

©Yuka Shiga

知っておきたい！ ルール豆知識

★ スクラムの形成は、両チーム各3人のプレーヤーによらなければならない。その3人のプレーヤーは、スクラムが終了するまで継続してバインドしていなければならない。これに反した場合、反則しなかった側のペナルティキックで再開する

★ スクラムに参加する両チームのプレーヤーは、トンネルの外に向けて、あるいは相手側ゴールラインの方向に向けて、故意にボールを蹴り出してはならない。これに反した場合、反則しなかった側のペナルティキックで再開する

ペナルティキックと
フリーキック

ペナルティキックとフリーキックは
パントまたはドロップキックで行う

　7人制の場合、プレースキックが禁止されているため、ペナルティキックやフリーキックの場面でも、パントキックかドロップキックで試合を再開しなければならないことも覚えておこう。また、キッカーがペナルティキックにおいてレフリーにゴールキックの意思表示をした場合は、ペナルティキックが与えられてから30秒以内にキックを行わなければならないので注意したい。30秒を超えた場合、キックは禁止され、その地点でスクラムを組み、相手側がボールを投入して再開することになる。

©Yuka Shiga

ゴールキックはキックを与えられてから30秒以内に行う

15人制とセブンズのルールの相違点

ルール	15人制	7人制
プレーヤーの人数	フィールドでプレーできるのは1チーム最大15人	フィールドでプレーできるのは1チーム最大7人
交替と入替え	例：フロントロー3人とその他5人の計8人まで（詳細はP20〜21参照）	1チーム5人まで
試合時間	前後半各40分間以内、ハーフタイム15分間以内	前後半各7分間以内、ハーフタイム2分間以内
マッチオフィシャル	レフリーと2人のアシスタントレフリー（タッチジャッジ）	レフリー、2人のアシスタントレフリー（タッチジャッジ）、2人のインゴールジャッジ
コンバージョン①	得点後のコンバージョンは、プレースキックかドロップキックで行える	得点後のコンバージョンは、ドロップキックのみで行う
コンバージョン②	キック開始までは、キックされる側のプレーヤーは、自陣インゴール内にいなければならない	キック開始までは、キックされる側のプレーヤーは、自陣10メートルライン近くに戻らなければならない
コンバージョン③	トライ後、90秒以内にキックしなければならない	トライ後、30秒以内にキックしなければならない
ペナルティゴール	ペナルティゴールを狙う時、時間制限はないが時間の空費にならないよう、直ちに行う	ペナルティゴールを狙う時、キックが与えられてから30秒以内に行わなければならない
一時的退出の時間	警告による一時的退出（シン・ビン）は10分間	警告による一時的退出（シン・ビン）は2分間
試合再開のキックオフ	得点された側のチームがキックオフを行う	得点した側のチームがキックオフを行う
スクラム	両チーム各8人（3列）によってスクラムを形成する	両チーム各3人（1列）によってスクラムを形成する

©JRFU/Photo;H.Nagaoka

©JRFU/Photo:K.Demura

第6章

ジュニア（U-15）ラグビーのルール

©JRFU

ジュニア（U-15）ラグビーについて

ジュニアラグビーはボールが大きく動く「ランニングラグビー」を目指す

　ジュニア（U-15）ラグビーは、発育期にある中学生年代（13〜15歳）の体格や成長などを考慮し、より多くの中学生が安全にラグビーを楽しめるように考えられている。

　最大の特徴は、中学生年代の発育に沿って、ボールが大きく動く「ランニングラグビー」を目指している点。そのため、人数や試合時間など、通常の15人制ラグビーとはいくつか異なるルールが存在している。ここでは、その相違点をピックアップしながら詳しく紹介するので、覚えておいてほしい。

ジュニアラグビーは、安全にラグビーをエンジョイできるように考えられている

プレーヤーの人数

1チームは最大12人でプレーし 交替と入替えは最大10人まで可能

基本知識

基本的な競技方法

反則と
プレー再開方法

マッチオフィシャル
のために

セブンズのルール

ジュニア（U-15）
ラグビーのルール

プレーヤーの人数

ジュニアラグビーは12人対12人で行われ、フィールドでプレーできる1チームの最大人数は12人。ただし、試合中に怪我や病気によってプレーヤーが減る場合、11名までは試合を継続できる（10人以下では継続できない）。

交替／入替えの人数

試合中に認められる交替または入替えのプレーヤー数は1チーム最大10名までとされ、リザーブプレーヤーには最低5人のフロントローを含めなければならない。また、試合中にリザーブプレーヤー全員を交替させることも認められている。なお、負傷したプレーヤーの一時的交替も認められ、戦術的理由で交替したプレーヤーは、他にリザーブプレーヤーがいない場合は負傷したプレーヤーの交替として、再び試合に出場できる。

試合中に脳震盪やその疑いがある場合や、頭部打撲や頭部裂傷を負った場合、そのプレーヤーはただちに競技区域から離れ、戻ってはならない。出血した場合は、止血または出血箇所が完全に覆われ、安全にプレー可能であることが確認された場合にプレーに戻ることができる（15分以内にフィールドに戻れない場合は正式な交替となる）。

12人で行うジュニアラグビーのFWは
フロントロー3人、セカンドロー2人

ポジションと背番号

ジュニアラグビーは、フロントロー3人、セカンドロー2人、スクラムハーフ1人、フライハーフ（スタンドオフ）1人、センター2人、ウィング2人、フルバック1人の計12人で1チームを編成して行う。それぞれのポジションの呼称は、下の図で確認してほしい。

1 レフトプロップ
2 フッカー
3 ライトプロップ
4 レフトロック
5 ライトロック
6 スクラムハーフ
7 スタンドオフ
8 レフトウィング
9 レフトセンター
10 ライトセンター
11 ライトウィング
12 フルバック

プレーヤーの着用義務（7人制共通）

プレーヤーは、マウスガード（歯を保護するもの）、ヘッドギアを必ず着用しなければならない。

基本知識

基本的な競技方法

反則と
プレー再開方法

マッチオフィシャル
のために

セブンズのルール

ジュニア（U-15）
ラグビーのルール

第6章 04 試合時間

U-15では前後半各20分以内の計40分間 ハーフタイムを5分以内として試合を行う

　U-15 の試合は、前後半に分け、各ハーフ 20 分以内、計 40 分間とし、そこにロスタイム（失われた時間）を加え、ハーフタイムは 5 分以内とする（U-14、U-13 共通）。また、U-14、U-13 の試合は各ハーフ 15 分以内、計 30 分間とし、そこにロスタイムを加える。なお、U-14 の試合で双方の出場プレーヤーが全員 14 歳の場合は、特例として U-15 の試合時間を適用することができる。

　1 日 2 試合を実施する場合、U-15 では計 34 分間とし（各ハーフ 17 分以内）、U-14、U-13 では 1 日 1 試合の時と同様の試合時間とする。U-14 の試合で双方の出場プレーヤーが全員 14 歳の場合は、特例として U-15 の試合時間を適用することができる。

1 日の試合制限

　U-15、U-14 のプレーヤーは、1 日 70 分を超える試合を行ってはならず、U-13 のプレーヤーは 1 日 60 分を超える試合を行ってはならない。また、協会はチームに 1 日 2 試合を超えた試合を提供することはできない。なお、U-15 で 1 日 2 試合実施する際、選手全員の交代、かつ 1 人 1 日 70 分を超えないと規定し、十分に出場時間を管理する場合に限り、20 分ハーフで実施することができる。

第6章 05 危険なプレー

レフリーにイエローカードを提示された場合 前後半各20分の試合では5分間の一時的退出

プレーヤーは、いかなる場合も他者に対して無謀で危険な行為をしてはならない。U-15の試合では、胸部よりも上への働きかけ、ノーバインドタックル、襟を掴む、後ろなどから肩口を掴む、体当たり、引き倒す、振り回す、突き倒す（押し倒す）、頭突き、逆ヘッドとなるタックルをした場合、ペナルティが与えられる。なお、いずれのプレーヤーもモールへの参加を含むすべての局面において、頭を肩や腰より低くした状態（ローヘッド）でプレーしてはならないことも、覚えておいてほしい。

レフリーにイエローカードを提示された場合、U-15の前後半20分ずつの試合では5分間、前後半17分ずつの試合やU-14、U-13の試合（前後半15分ずつ）では4分間の一時的退出（シンビン）を受けなければならない。

タックルされたプレーヤーの禁止事項

タックルされたプレーヤー、あるいは地面に倒れたプレーヤーは、身体と地面の間にボールを確保し、足の間からボールを後方に押し出すプレー（スクイーズボール）をしてはならない。

06 ラインアウト

基本知識

基本的な競技方法

反則と
プレー再開方法

マッチオフィシャル
のために

セブンズのルール

ジュニア（U-15）
ラグビーのルール

U-15の試合におけるラインアウトの形成は2〜5人のプレーヤーによって行われる

ラインアウトの形成

ラインアウトは、2〜5人のプレーヤーによって形成される。ラインアウトの中で、ボールに向かってジャンプする味方のプレーヤーをリフト（サポート）するプレーヤーは、ジャンプするプレーヤーのパンツ（ショーツ）を順手で握ってサポートしなければならない。なお、プレーヤーの太ももを直接サポートすることはできないので、注意してほしい。サポート（リフティング）は、後方から1人、正面から1人の計2人で行い、味方のプレーヤーをプレグリップすることができる。

ラインアウトの最中

ラインアウトにおいて、跳び上がってボールを獲得した相手側プレーヤーが着地すると同時に、臀部より下の膝や足首に入るようなタックルは、危険なプレーとなる。特に相手と競り合うことなく、このようなプレーを意図的に行うことは禁止されているので、注意してほしい。また、同時に宙に浮いていない時、ボールを持つ相手プレーヤーを着地直後に引き倒す行為も危険なプレーとなる。いずれのケースも、ペナルティが与えられる。

フロントローにプロップ2人とフッカー1人 セカンドローにロック2人の計5人が参加

スクラムは、各チーム5人がバインドして形成する。各チームとも、フロントローにプロップ2人とフッカー1人、セカンドローにロック2人の計5人が参加しなければならない（守られない場合はペナルティ）。なんらかの理由で一方のチームが適切に訓練された5人を揃えられない場合、レフリーか競技責任者は、アンコンテストスクラムを命じなければならない。アンコンテストスクラムでは、①ボールを取り合わない、②ボール投入側が必ずボールを獲得する、③双方スクラムを押してはならない（守られない場合は相手チームにフリーキックが与えられる）。

安全なスクラム形成

ロックは、自分の前にいるプロップに外側の腕を巻くようにバインドし、一方の腕で隣のロックと体を密着させてバインドする。同時に膝を上げ、頭を落とさないようにフロントローの間に確実に入れて組む。U-15では、安全を確認した上でしっかりと組合い、体重をかけ合う。U-14、U-13では、レフリーまたは主催者が安全の確保が困難と判断した場合、選手の習熟度に応じたスクラムで行う。

スクラムは、両チームとも押してはならず フッキングによってボールを獲得できる

スクラムが開始されたら、両チームとも押してはならず、フッキングによってボールを獲得できる。プレーヤーは、真っ直ぐ地面と平行に体重をかけてよいが、スクラムが50cm以上移動してしまった場合は、元の位置に戻して再びスクラムを組まなければならない。

なお、スクラムが崩れたり、スクラムの中にいるプレーヤーが持ち上げられたり、スクラムの上に押し出されてしまったりした場合、レフリーは直ちに笛を吹き、他のプレーヤーは体重をかけるのを止めて、立ち上がらなければならない。

スクラムハーフ

スクラムの中でプレーが始まったら、ボールを保持しているチームのスクラムハーフは、少なくとも片足をボールの近くか後ろに置かなければならない（守られない場合はペナルティ）。また、ボールを保持していないチームのスクラムハーフは、片足でもスクラムの中心線を越えてはならず、スクラムから近い位置につく必要がある（守られない場合はペナルティ）。

スクラムの終了と禁止行為

ボールが最後尾となるロックの足に到達しスクラムハーフがプレーした時に終了する

スクラムの終了

U-15の試合におけるスクラムは、ボールが最後尾となるロック（4番か5番）の足に到達し、そのチームのスクラムハーフ（6番）によってプレーされた場合に終了することを覚えておいてほしい。

スクラムにおける禁止行為

U-15の試合におけるスクラムでは、禁じられている行為がいくつかある。まず、相手側のゴールラインに向けてスクラムを押すこと、故意に体重をかけないこと、あるいは故意に引くことは、それにあたる。また、プロップ以外のプレーヤーが相手側のプレーヤーをつかむこと、ロックが腰や膝を落としたり、外側に開いたり、スクラムの角度を変えたりすること、相手側のスクラムハーフのプレーを妨害することも、禁じられている。

その他、スクラムの終了の際、ロックがその足もとにボールがある状態で故意にバインドを外してボールを拾い上げること、スクラムの中にあるボールをプレーヤーが故意に足でロックの横方向（スクラムの外）にボールを出し、ロックがボールを拾い上げることも、禁止行為となっているので、注意してほしい。

基本知識

基本的な競技方法

反則と
プレー再開方法

マッチオフィシャル
のために

セブンズのルール

ジュニア(U-15)
ラグビーのルール

ジュニア(U-15)の7人制ラグビーでは
延長戦を実施することが認められていない

　ジュニア（U-15）ラグビーでは、7人制ラグビーを実施することができる。ただし、各ハーフ7分間以内の計14分間以内にロスタイム（失われた時間）を加えて行う一方で、延長戦の実施が認められていないことを覚えておいてほしい。

　また、1日複数試合を実施する場合は、1チームが1日3試合を超えて行ってはならず、協会も、1チームが1日で最大3試合を超える数の試合を提供することは認められていないので、頭に入れておきたい。

ジュニア（U-15）ラグビーでも7人制ラグビーを実施することができる

ラグビー憲章

©JRFU/Photo;H.Nagaoka

はじめに

　単なる娯楽としてスタートしたラグビーというスポーツは、世界的なネットワークを誇るゲームへと変容を遂げ、巨大なスタジアムが建設され、複雑な運営組織が作り出され、複合的な戦略が構築されてきた。万人の強い興味と関心を引く活動がどれもそうであるように、ラグビーフットボールには多くの特徴があり、いろいろな側面がある。

◆

　ゲームをプレーすることと、それに伴うサポート活動とは別に、ラグビーには勇気、忠誠心、スポーツマンシップ、規律、そしてチームワークといった多くの社会的・情緒的概念が包含されている。この憲章は、競技方法と行動の評価を可能にするチェックリストを示すためにある。そしてその目的は、ラグビーがそのユニークな特徴をフィールドの内と外の両方で維持することを確実なものにすることにある。

　この憲章は、ラグビーというスポーツをプレーし、コーチし、競技規則を作り、適用する際の基本原則を網羅している。この憲章は、競技規則とともに、欠かすことの出来ない重要なものであり、すべてのレベルでプレーする人たちのための基準を示すものである。

品位 (*Integrity*)

品位とはゲームの核をなすものであり、誠実さとフェアプレーによって生み出される。

情熱 (*Passion*)

ラグビーに関わる人々は、ゲームに対する情熱的な熱意を持っている。ラグビーは、興奮を呼び、愛着心を沸かせ、世界中のラグビーファミリーとの一体感を生む。

結束 (*Solidarity*)

ラグビーは、生涯続く友情、絆、チームワーク、そして、文化的、地理的、政治的、宗教的な相違を超えた忠誠心につながる、一つにまとまった精神をもたらす。

規律 (*Discipline*)

規律は、ゲームに不可欠なものであり、フィールドの内と外の両方において、競技規則、競技に関する規定、そして、ラグビーのコアバリューの順守を通じて示される。

尊重 (*Respect*)

チームメイト、相手、マッチオフィシャル、そして、ゲームに参加する人を尊重することは、最も重要である。

ゲームの原則

行動

　フットボールの試合中にボールを最初に拾い上げ走ったと信じられている、かのウィリアム・ウェッブ・エリスの伝説は、ラグビー校でそれが起きたと言われる 1823 年のその日以来、これを否定しようとする数え切れない人々の反論に対抗して強固に生き延びてきた。ラグビーという競技が、スピリットあふれるひとつの挑戦行動にその起源をもっていたに違いないと考えることは、ある意味適切である。

　普通の観察者が見れば、一見矛盾の固まりのように思われるラグビーゲームの裏に、ゲームを支配する原則を即座に見いだすことは難しい。例えば、ボールを獲得しようとして相手に強烈な身体的圧力をかけていると見られることにはまったく問題はないが、それは故意に、あるいは悪意を持って怪我を引き起こそうとする行為とは全く別なものである。

　これらはプレーヤーとレフリーが追求していかなければならない境界線であり、自制と規律を融合させ、個人及び集団でそれを明確に線引きする能力が求められ、行動の規範はその能力に依存しているのである。

精神

　ラグビーの魅力の多くは、ラグビーが競技規則に記された文言に従うとともに、競技規則の精神の中でプレーされているという事実にある。これが確実に起きるようにする責任は一個人に帰するものではなく、コーチ、キャプテン、プレーヤー、そしてレフリーを含むものである。

　ゲームの精神は、規律、自制、相互の信頼を通してこそ繁栄するのであり、ラグビーのような身体的に激しいゲームの中においては、これらの資質がゲームの将来における成功と生き残りにきわめて不可欠な友情とフェアプレーの感覚を築くのである。

　それらは時代遅れの伝統と美徳かもしれないが、時の試練に耐えてきたものであり、ゲームがプレーされるすべてのレベルにおいて、それらがその長く際だった過去を通じて重要だったように、ラグビーの将来に対しても依然として重要なものとして残っている。ラグビーの原則とは、ゲームが基礎をおく基本的な要素であり、ゲームに参加する者は、ゲームの原則によって、どこにゲームの特徴があるのか、そして何がラグビーを一つのスポーツとして際だたせているのかを、直ちに認識することが可能になる。

目的

　ゲームの目的は、それぞれ 15 名からなる 2 つのチームが、フェアプレーに則り、競技規則に従い、スポーツ精神に基づき、ボールを持って走り、パス、キックおよびグラウンディングして、できるかぎり得点を多くあげることである。

　ラグビーは世界中で成人男性、成人女性、少年、少女によってプレーされており、6 歳から 60 歳に至る 300 万人以上の人々が定期的にラグビーのプレーに参加している。

　ゲームに求められるスキルと身体的条件に多様性があるため、あらゆる体型、サイズそして能力を持つプレーヤーがプレーに参加する機会を、すべてのレベルにおいて得ることになる。

ボールの争奪と継続

　ボール獲得のための争奪は、ラグビーの鍵となる特徴の一つである。この争奪はゲームを通して、いろいろな形で発生する。

・コンタクト時に

・一般のプレーで

・スクラム、ラインアウト、そしてキックオフでプレーが再開されるときに

　ボールの争奪はその前のプレーにおいて示された優れたスキルに報いるようにすることでバランスが保たれる。例えば、プレーを継続する能力がないためにタッチにボールを蹴り出すことを強いられたチームは、ラインアウトでの投入を認められない。同様に、ボールを前に落としたり、前に投げたりしたチームは、その後のスクラムでのボール投入が許されない。ボール投入の際、ボールを投入するチームに常に優位性があるには違いない。しかしここでも再び、これらのプレーの中で公平なボール争奪が可能であることが重要である。

　ボールを保持しているチームの目的は、相手のボール獲得を否定し、継続を維持し、スキルに富んだプレーで前進し、得点をあげることである。これに失敗するということは、ボールを支配しているチームの側の能力不足の結果として、あるいは相手防御の優秀さのために、相手にボールを譲り渡すことを意味する。つまり、ボール争奪と継続、利益と損失ということである。

　一つのチームがボール保持の継続を維持することを試み、一方相手チームはボールの争奪に励む。このことがプレーの継続とボール保持の継続との必須のバランスを提供する。争奪の可能性と継続というこのバランスは、セットピースと一般プレーの両方に当てはまる。

競技規則の原則

競技規則は以下の原則を拠り所としている。

すべての人にとってのスポーツ

競技規則は、異なった体格、スキル、性、そして年齢のプレーヤーに、それぞれの能力のレベルにおいて、コントロールされた競争的で楽しい環境において参加できる機会を提供する。競技規則に関する完全な知識と理解を有することは、ラグビーをプレーするすべてのプレーヤーにとっての義務である。

独自性の維持

競技規則は、スクラム、ラインアウト、モール、ラック、そしてリスタートを通じて、ラグビーの持つ他にはない特徴が維持されることを保証する。また、ボール争奪と継続に関連する鍵となる特徴、すなわち後方へのパス、攻撃的なタックルも同様である。

喜びと楽しみ

競技規則はプレーをする上で楽しく、見る上でおもしろいゲームのための枠組みを提供する。時として、この二つの目的が両立しがたいように思われる場合があるが、そのような場合には、プレーヤーにプレーヤーの持つスキルを自由に発揮できるようにさせることで、喜びと楽しみが大きくなる。この適切なバランスを達成するために、競技規則は常に見直されている。

適用

プレーヤーには競技規則を遵守し、フェアプレーの原則を尊重するという最優先の責務がある。

競技規則は、ゲームがラグビーの原則に従ってプレーされるのを保証するように適用されなくてはならない。レフリーとタッチジャッジはこれを、公平さと一貫性と繊細さと、そして最高のレベルにおいては、管理を通して達成できる。その返礼として、マッチオフィシャルの権威を尊重することはコーチ、キャプテン、そしてプレーヤーの責任である。

©JRFU/Photo;H.Nagaoka

おわりに

　ラグビーは、成人の男性にとっても女性にとっても、少年にとっても少女にとっても価値のあるスポーツである。ラグビーは仲間の競技者との間のチームワーク、理解、協力、そして尊敬を作り上げる。その基になるのは、それらがいつでもそうであったように、参加する喜び、ゲームが要求する勇気とスキル、関与するすべての人々の人生を豊かにするチームスポーツへの愛、そしてゲームにおいて共有される興味を通して築かれる生涯の友情である。

　そのような偉大な友情が試合の前にも後にも存在するのは、ラグビーの持つ激しい身体的・競争的特徴があるからである。競い合うチームのプレーヤーがお互いに楽しむという永きに渡って存在する伝統は、ゲームの中核となる部分として今日も存続している。

　ラグビーはプロフェッショナルの時代の到来を完全に受け入れるようになったが、リクレーショナルなゲームとしての特質と伝統は残っている。伝統的なスポーツの特質の多くが弱められ、あるいは疑われる時代にあって、高い水準のスポーツマンシップ、倫理的な行動、そしてフェアプレーを維持する能力をラグビーが有することを、ラグビーは真に誇りに思う。この憲章は、これら大切に守られてきた価値を強めるための一助になることを期すものである。

ラグビーが持つ伝統的な精神を大切に ルールを守って安全にプレーしよう

ラグビーには、「アフターマッチファンクション」という伝統的慣習があります。これは、試合が終了した後、両チームとマッチオフィシャルが一緒になってお酒や軽食をともにする機会を設け、敵味方関係なく、お互いを称え合うという儀式のようなものです。

この慣習からも分かるように、ラグビーというスポーツは、勝敗よりもそこに生き続けるラグビーの精神をとても大切にする伝統があります。日本では「ノーサイドの精神」として知られていますが、この価値観こそがラグビー最大の魅力と言えるのではないでしょうか。

また、一見ラグビーは危険なスポーツのように思われるかもしれませんが、正しくプレーすれば、決して危険ではありません。そのためにも、ルールをしっかり守ってプレーすることが大切になります。あくまでもルールは安全に楽しくプレーするためのものであって、ラグビー自体を複雑にするものではありません。そこを勘違いしてしまうと、ラグビーは危険で難しいスポーツだと誤認することにつながってしまいます。

もともとラグビーは、極めてシンプルなルールの下で行われていたスポーツであり、安全に、公平に楽しむために、様々なルールが競技規則に書き加えられてきたという歴史があります。従って、すべてのルールを覚えてからプレーを始めなくても、本書で紹介している基本的ルールを覚え

ておけば、安全に正しくプレーすることができるはずです。
そして、もしプレーする中で疑問が生じたら、再び本書を
読み返して、ルールをより深く理解して下さい。

　まずは、楕円球のボールと触れ合うことが、ラグビーの
入口です。他のボールと違って、最初は楕円球のボールを
思い通りに扱うことは難しいと思いますが、繰り返し投げ
たり蹴ったりすることで、きっと自分の思い通りにボール
を扱えるようになることでしょう。それができるように
なった時の喜びを、いつまでも大切にしながらラグビーを
プレーし続けて下さい。

　　　　　　　　　　　　日本ラグビーフットボール協会

シグナル撮影モデル

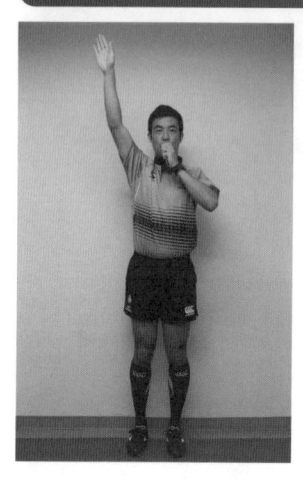

久保 修平
Shuhei Kubo

1981年6月9日生まれ。筑紫高校、川崎医療福祉大学出身。現在、（公財）日本ラグビーフットボール協会所属。日本協会公認Ａ級レフリー。2016年に日本人として初めてスーパーラグビーでレフリーを、ザラグビーチャンピオンシップ、シックネーションズではアシスタントレフリーを務めた。日本で開催されるラグビーワールドカップ2019ではアシスタントレフリーを務める。

プレー撮影モデル

明治大学ラグビー部

| 監修協力 | 山本巧、岸川剛之、永井康隆 |
| | （日本ラグビーフットボール協会） |

\<STAFF\>

編集、執筆	中山淳（有限会社アルマンド）
写真	出村謙知（明治大学、レフリーシグナル撮影）
	志賀由佳（横河武蔵野Artemi-Stars撮影）
	日本ラグビーフットボール協会
本文デザイン	上筋英彌・上筋佳代子（アップライン株式会社）
カバーデザイン	坂井栄一（坂井図案室）

パーフェクトレッスンブック

観戦&プレーで役に立つ！
ラグビーのルール ［改訂新版］

監修者	公益財団法人　日本ラグビーフットボール協会
発行者	岩野裕一
発行所	株式会社 実業之日本社
	〒107-0062　東京都港区南青山5-4-30
	CoSTUME NATIONAL
	Aoyama Complex 2F
	電話　03-6809-0452（編集）　03-6809-0495（販売）
	実業之日本社ホームページ　http://www.j-n.co.jp/
印刷所	大日本印刷（株）
製本所	大日本印刷（株）